HISTOIRE DU REPAS

A TRAVERS LES AGES

(PHILOSOPHIE DE L)

Ouvrage couronné par l'Académie de Cuisine

ÉCOLE DE CUISINE

5, CITÉ D'ANTIN, 5

Histoire du Repas à travers les Ages.

(PHILOSOPHIE DE L')

Ouvrage couronné par l'Académie de Cuisine.

PAR

Auguste COLOMBIÉ

LAURÉAT DE PLUSIEURS SOCIÉTÉS SAVANTES

Avec Préface de M. DARENNE,

Membre de la Société des Sciences naturelles et médicales de Seine-et-Oise,
Secrétaire générale de l'Académie de Cuisine.

" Abusus non tollit usum. "

PARIS — 1895

Chez l'auteur, 5, cité d'Antin
et chez M. Gourdineau, imprimeur, 58, rue Greneta.

A Monsieur **PAILLARD**,

Président d'honneur de l'Académie de Cuisine.

Honoré Protecteur,

En dehors de la sympathie et de la gratitude, deux raisons me font un devoir de vous dédier le présent ouvrage.

1° Comme protecteur dévoué autant que modeste de l'Académie de Cuisine ; 2° Comme restaurateur modèle, qui ne veut abandonner aucune des obligations départies à vos prédécesseurs, mais s'applique au contraire à les remplir avec une autorité et une persévérance infatigables, faisant ressortir le tact exquis que demande une pareille fonction sociale.

Voilà pourquoi la haute société française et étrangère cite le Restaurant Paillard comme un des plus élégants temples gastronomiques modernes et aussi comme un des mieux tenus de la capitale.

On dit que les vieilles maisons tombent ! A qui la faute ? — Que les sceptiques aillent faire un tour à l'heure où l'on mange dans vos salons si coquets, et leur conviction changera en voyant vos exigences pour que les provisions soient de tout premier choix ; que votre personnel soit stylé comme celui des grandes maisons bourgeoises, et surtout pour qu'il exagère les soins de propreté, ainsi que nous le disait avec tant d'éloquence l'illustre J. Simon, dans sa dernière conférence au sein de notre Académie de Cuisine.

Est-il nécessaire de faire l'éloge de votre cave, dont la Renommée clame les mérites à l'univers entier ?

De parler des créations culinaires faites sous vos yeux, qui firent enlever jadis votre personnel par un milliardaire Américain ?

Permettez-moi d'affirmer que si des restaurateurs parisiens ont acquis une réputation méritée, fait rejaillir une gloire incontestable sur la Cuisine française et tomber une pluie d'or dans le commerce de l'Alimentation, vous êtes digne d'eux et de vous-même, mérite qui devient trop rare de nos jours pour que la postérité ne vous en tienne compte.

Veuillez donc agréer, Cher et Honoré Président, en même temps que ce public hommage, mes sincères compliments et l'assurance de mon profond respect.

Auguste **COLOMBIÉ.**

Ce 6 octobre 1895.

PRÉFACE

Monsieur Colombié,
Cher Confrère,

Je viens de lire votre manuscrit de « *l'Histoire du repas à travers les âges* ; » voilà certes un livre qui doit intéresser au plus haut point notre corporation.

C'est l'enfance et le progrès de notre art que vous étudiez et que vous voulez nous faire connaître. Vous avez réussi dans votre tâche.

Un vieux praticien, homme de goût et de talent, qui a été longtemps mon maître, et que je vénère toujours, me disait : « Pour être bon cuisinier, il faut joindre à la pratique professionnelle, la connaissance de l'architecture, de la botanique et de la chimie » : l'œuvre qui vient d'être couronnée par l'Académie de Cuisine, nous démontre qu'à ces qualités nécessaires chez un artiste culinaire, il faut ajouter la connaissance de l'histoire et des sciences philosophiques.

Voilà certes de quoi désespérer les plus studieux et les plus ardents, mais pourtant vous avez prouvé une fois de plus qu'avec la volonté tout est possible, et c'est là un exemple dont les jeunes gens devront faire leur profit, s'ils veulent parvenir à la renommée.

N'ayant aucun document qui puisse vous renseigner sur ce que furent les premiers repas de l'homme pré-historique, vous essayez d'analyser ses sensations d'après ses besoins empiriques, les progrès successifs de son intelligence, ses rapports avec ses semblables, la formation de la famille, de la tribu et enfin de la Patrie.

De toutes ces études savamment exposées, commentées et discutées vous déduisez ce qu'à dû être le repas aux premiers temps de l'humanité.

Permettez-nous, cher collègue, d'exprimer un regret, c'est que le concours institué par l'Académie de Cuisine, vous ait obligé de vous renfermer dans un cadre que vous n'avez pas voulu dépasser, cela nous a privés d'enseignements qui, certes, auraient été précieux, si nous en jugeons par l'érudition dont vous avez fait preuve dans cet ouvrage.

Nous avons l'espoir que ce qui a été différé ne sera pas perdu et que vous trouverez certainement plus tard l'occasion de nous intéresser et de nous instruire.

« Rien n'est dans l'intelligence qui n'ait passé par les sens » disait Zénon, vous prouvez la vérité de cette maxime, car tout ce que vous nous dites est le résultat de vos sensations personnelles analysées pour nous les faire partager avec l'enthousiasme de votre conviction.

Vous ne voyez dans la satisfaction de la faim, que le plaisir épuré des sens sous ses formes les plus élevées et sous le double point de vue social et mental.

Vous traitez comme ils méritent de l'être, les repas orgiaques et si peu décents de la Rome antique, mais décadente.

Vous n'avez pas voulu vivre en vous et pour vous ; la passion de la propagande qui est l'apanage des grands esprits et des bons cœurs, a trouvé en vous un apôtre et comme saint Paul vous vous écriez : « *Cupio omnes fieri quales et ego sum* ».

Vous vous défiez des partis et des systèmes : le transformisme ou darwinisme trouve en vous un adversaire résolu; malgré la grande autorité du chef de la doctrine qui a tant remué le monde, au milieu de notre siècle, vous n'hésitez pas vous, simple cuisinier, à opposer cette réfutation que l'homme a dû naître spontanément, simultanément sur plusieurs points de notre planète, et que l'origine des espèces par voie de sélection naturelle est une chimère.

Vous faites la philosophie de l'histoire du repas à travers les âges, parce que vous vous attachez à juger les faits, à montrer leur origine, leur enchaînement et leurs conséquences, voilà pourquoi tout ce que vous nous enseignez, non-seulement nous instruit, mais nous ouvre des horizons inconnus et nous apprend à penser et à méditer, parce que toutes ces choses vous nous les présentez avec discernement, pénétration et avec une patiente analyse unie à la force de la synthèse.

Vous prenez notre art à son début, quand, incréé lui-même, il donnait naissance à toutes les créations qui devaient faire distinguer l'Homme de toutes les autres espèces vivantes qui peupleraient le Globe et lui donnerait la puissance nécessaire pour dompter les plus rebelles, le courage et la persévérance d'affronter tous les éléments, de faire, en un mot, la nature entière tributaire de son génie.

Vous nous faites assister à l'éclosion de la cuisine en vous figurant le premier essai de coction par le feu; le premier emploi des condiments ; vous arrivez à l'époque égyptienne où germent les Beaux-Arts, de là, vous passez chez les Grecs qui furent véritablement les novateurs de la *cuisine artistique*, puis chez les Romains, tributaires et imitateurs des Grecs d'abord, leurs maîtres ensuite, peut-être même au détriment du véritable progrès. —

Après nous avoir montré l'influence de la religion sur la direction des repas, des fêtes civiles ou autres, l'intolérance et la cruauté qui caractérisèrent certaines époques, les schismes que cette intolérance provoquèrent, vous nous prouvez que le remède sortit du mal lui-même, quoique fort lentement, et régénéra une société qui retombait dans la barbarie, parce que la direction primitivement fixée par des apôtres dévoués, déviait du but assigné qui était la paix sociale, entretenue par des concessions réciproques.

L'époque aussi mouvementée que remarquable de la renaissance occidentale vous a fourni l'occasion et les moyens de faire ressortir l'importance du repas dans un moment d'élan d'un peuple vers le beau et aussi la valeur des incomparables châtelaines qui les présidaient après les avoir ordonnés ; repas pendant lesquels, leur ascendance poétique et morale aidant, la langue se forma, les mœurs s'adoucirent, les manières se polirent et aussi prirent naissance ces doux mots d'honneur, d'amour, de patrie, mots sacrés, qu'une héroïque vierge baptisera en répandant son sang pour la délivrer de l'envahisseur insulaire. De l'époque douloureuse, pendant laquelle la France subit une décadence gastronomique, vous arrivez à l'époque contemporaine et plus que centenaire de la liberté des cultes, vous montrez l'essor merveilleux que cette liberté donna à tous les arts, aux sciences et, par suite, au bien-être général, enfin, pour terminer, vous nous faites dans un magnifique tableau, l'éloge de la Française actuelle qui illumine le foyer conjugal par tant de vertus, de savoir et de grâces, dont la présence à nos repas, est l'attrait le plus beau et le plus indispensable, affirmant ainsi la continuité progressive du goût qui caractérise le repas moderne.

L'éloge de l'illustre compagne du Président de la République actuelle, le regretté Sadi-Carnot, qui a trouvé le secret de briller dans un Palais que plusieurs femmes de goût, avaient, croyait-on, mis hors de pair, est aussi bien traité qu'il est documentaire. Il nous semble en lisant ces pages, que notre fin de siècle sera celui de la renaissance littéraire et scientifique-culinaire, de même que le commencement en fût, grâce à l'immortel Carême, la renaissance pratique. Nous voyons, en effet, que les nouveaux ouvrages culinaires sont mieux entendus, il y a plus d'ordre et de méthode ; votre dernier traité a achevé l'évolution, fixé la simplicité et la marche à suivre, afin que les formules achèvent de perdre leur aridité et leur sécheresse, tout en supprimant les pertes de temps et les difficultés qu'éprouvaient les personnes trop peu initiées à nos travaux. Si l'artiste culinaire moderne suit les principes que vous nous enseignez, qu'il étudie les différents problèmes de la vie, médite sur l'histoire des peuples anciens, sur la chimie, les corps organiques, la valeur alimentaire, le fruit de ces comparaisons sera éminemment profitable à l'art de bien nourrir les hommes et à l'avenir de la corporation tout entière.

C'est en continuant cette tradition d'études sérieuses inaugurées avec tant de bonheur par l'Académie de Cuisine que les ouvriers d'élite achèveront la conquête des gastronomes de tous les pays civilisés, qu'ils annobliront la fonction sociale qu'ils remplissent avec dévouement, mais pas toujours avec assez de perfection.

Merci donc aux collègues qui, comme vous, sacrifient leurs instants de loisir à l'étude des besoins aussi complexes que multiples, qui doivent régir et présider au repas actuel à tous les âges de la vie d'un homme, d'une famille ou d'une nation, afin que ni les uns ni l'autre ne faillent, *faute d'estomac*, aux devoirs que la civilisation sans cesse progressive impose à l'individu ou à la collectivité.

Versailles, le 19 mai 1893.

E. DARENNE,
Secrétaire général de l'Académie de Cuisine.

AVANT-PROPOS

Quoiqu'il fût facile de supposer, lors de la proposition du concours de « l'Histoire du repas à travers les âges » par l'Académie de Cuisine, qu'elle ne demandait pas un travail de longue haleine et d'une érudition devant faire sensation, elle tenait à ce que le travail présenté fût au moins d'intérêt public, tout en étant professionnel.

Si l'heureux fait se fut produit, il est admissible que, vu la qualité des membres qui la composent, l'auteur aurait été goûté et loué suivant ses mérites, et que chacun des membres se fut imposé avec joie des sacrifices pour en faire connaître l'auteur au monde entier, car un ouvrage tel que le concours l'a institué manque dans nos bibliothèques, au grand regret de la phalange littéraire qui a surgi depuis la naissance, en 1879, du premier Cercle d'études culinaires et sociales que les cuisiniers aient fondé. Aussi l'étude des auteurs gastronomes et professionnels est devenue à la mode parmi les cuisiniers, les pâtissiers, etc., etc., qui s'occupent des travaux similaires, au grand profit du commerce et de l'industrie alimentaires et de la santé publique, les deux premiers voyant ses affaires décupler et l'autre affermie.

D'où venait cette nonchalance professionnelle qui faisait décliner la cuisine, malgré les magnifiques repas servis sous le Second Empire?

Etait-ce l'évolution qui se préparait, les guerres incessantes loin de France, ou bien de la nouvelle loi Falloux, qui réservait l'instruction aux classes aisées et de laquelle on avait éliminé l'économie domestique? Que ce fut de l'un ou de l'autre fait ou de tous les deux réunis, il existait dans toute sa brutalité, et l'épithète de *cuisiniers littéraires,* que les confrères adressaient aux fondateurs du Cercle, prouve la répugnance des cuisiniers de l'époque pour les études philologiques et professionnelles.

Les temps ont bien changé depuis et peut-être va-t-on maintenant trop *au-delà ;* à la postérité à faire le *tri* et à mettre tout à sa vraie place:

§. L'histoire du repas à travers les âges soulevait plusieurs questions qui sont loin d'être banales ; elles méritent au contraire d'occuper l'attention des esprits sérieux et réfléchis au même titre que l'anthropologie, car tout est connexe et l'histoire de l'homme doit commencer dès qu'il se nourrit.

Comment et avec quoi fut fait le premier repas de l'homme ?

A quelle époque commença-t-il à *manger* ce qui le distingua de suite de l'animal qui se repaît ?

Eut-il des précurseurs et alors pourquoi auraient-ils un autre nom générique, puisque ce sont nos premiers aïeux ?

Pourquoi les singes sont-ils restés singes, tandis que l'homme est homme dans toute l'acception du mot, depuis l'époque quartenaire et même tertiaire (on l'affirme presque), dans les couches desquelles il a laissé des traces indéniables de son génie supérieur, de son affectivité et de sa croyance à une autre vie ?

Etait-il vieux déjà à cette époque ou venait-il d'y apparaître avec toutes ces brillantes qualités qui n'ont fait que se perfectionner ?

Est-il né plus tôt ici que là ? A un seul endroit ? Tous ces points d'interrogation sont loin d'être résolus malgré les pas de géant que les anthropologues distingués de ces vingt-cinq dernières années, ont fait faire à cette science presque ignorée avant cette époque.

Il n'appartenait pas à un cuisinier de traiter cela comme

on traite une omelette, aussi avons-nous exposé les différentes
doctrines, nous bornant à exprimer notre opinion qui est loin
d'être scientifique mais seulement dictée par nos réflexions
et le désir de voir un plus grand nombre d'efforts faits
pour résoudre ce problème qui aura d'aussi féconds résultats
pour l'avenir qu'eut la découverte de l'Amérique par l'immortel Colomb.

EXTRAIT DU

BULLETIN OFFICIEL DE L'ACADÉMIE DE CUISINE

———

Procès-verbal de la séance du 1" février 1892.

(SUITE DES CONCOURS — VOTE DÉFINITIF)

PREMIER CONCOURS

« Histoire du Repas à travers les Ages »

———

Après lecture des études faites, les membres présents décident d'accorder une palme en vermeil et un diplôme d'honneur, au mémoire portant comme épigraphe :

" *Abusus non tollit usum.* "

Le bris du cachet de l'enveloppe fait connaître comme auteur :

M. Aug. COLOMBIÉ

CHEF DES CUISINES DE S. A. LE PRINCE DE HATZFELDT-WILDEMBOURG

En conséquence M. Aug. Colombié est proclamé lauréat.

L'ACADÉMIE DE CUISINE

EXTRAIT

du Procès-verbal de la séance du 16 mai 1892.

Remise d'une palme de vermeil et d'un diplôme d'honneur à M. Auguste COLOMBIÉ, décernés par l'Académie de Cuisine pour son travail manuscrit :

« L'HISTOIRE DU REPAS A TRAVERS LES AGES »

Discours prononcé par M. J. GARDE,
délégué à cet effet.

Monsieur Colombié,
Monsieur le Président,
Messieurs,

C'est au nom de l'Académie, dont j'ai l'honneur d'être aujourd'hui l'interprète, que je présente les félicitations à notre lauréat pour le travail qu'il a soumis à notre appréciation et que vous avez honoré d'une juste récompense.

Pourrais-je mieux faire son éloge et celui du corps auquel nous avons l'honneur d'appartenir que de rappeler le passé et les travaux qu'il a accompli? Je ne le crois pas, aussi vais-je retracer la naissance, les travaux élaborés et les principaux faits qui honorent l'Académie de Cuisine, dont il est un des fondateurs.

Au commencement de 1883, après avoir vu s'effondrer une

série de groupes culinaires, parce qu'ils ne s'appuyaient sur aucune doctrine positive ou scientifique capable de rallier les hommes studieux de la partie, un noyau de cuisiniers résolus et tenaces décida de fonder l'Académie de Cuisine, l'Institut, que notre immortel Carême avait rêvé.

Ce titre parut prétentieux et ridicule, car il ne tarda pas à être l'objet de virulentes attaques de groupes postérieurs, que des dissidents des groupes antérieurs fondèrent.

Mais les fondateurs dédaignant et quolibets et critiques ne s'occupèrent que de faire aboutir leur programme, consistant à développer l'art culinaire sous toutes ses formes afin de procurer aux ouvriers de la partie, toutes les ressources compatibles avec les nouveaux progrès scientifiques; d'agrandir les jouissances morales et matérielles de la vie, tout en poursuivant le but si digne d'attirer l'attention publique ; l'amélioration de la race et le développement mental de l'espèce, entrevu par le célèbre Cabanis vers la fin du siècle dernier, et si bien exposé dans ses mémoires : « *Du physique et du moral de l'homme* ».

D'après ce plan systématique il s'agissait de réunir dans une série d'ouvrages, les faits qui ont caractérisé les diverses évolutions et ont amené les progrès accomplis par toutes les branches se rattachant à l'alimentation, afin de les exposer, de les classer, de les analyser et permettre par ces moyens, aux futurs artistes, d'entrer d'emblée et dès leurs premiers pas, dans la carrière culinaire, d'en embrasser l'ensemble d'un coup d'œil général.

Il y avait à combattre également certains préjugés attachés au titre de *cuisinier*, préjugés funestes à la double émancipation cultuelle et professionnelle et qui ne tendaient à rien moins, que de faire du fonctionnaire culinaire un nouveau *paria*, le privait de toute tranquillité et même des loisirs qui permettent l'étude et la méditation, sans lesquelles aucun travail ou création de longue haleine ne sont possibles.

Ce but était d'autant moins facile à atteindre que les légendes et les préjugés étaient plus enracinés et qu'il fallait, en quelque sorte, faire une nouvelle éducation au public, imbu des idées rétrogrades, laissées avec dessein dans l'éducation antérieure à 1870, qui marque la nouvelle époque.

Dix années se sont écoulées depuis que ce programme a été élaboré ; nous allons voir si le but a été atteint, si le programme est réalisé, s'il faut continuer d'après la marche suivie ou s'il faut la modifier.

Ce regard rétrospectif fera également l'éloge du lauréat, puisqu'il est un des fondateurs de cette Académie si dénigrée jadis, si enviée aujourd'hui, et qu'il a pris part à tous ses travaux.

Mais, n'anticipons pas.

En 1883, table rase était faite du passé, puisque tous les artistes culinaires voulaient faire du nouveau ; mais, aucun point de ralliement n'existait. On commença par assurer l'existence d'un organe corporatif, qui, se multipliant par sa nécessité même, donna, soit à Paris ou ailleurs, naissance à plusieurs et à tel point utiles, qu'aujourd'hui on en compte une vingtaine vivant très bien, s'imprimant avec plus de luxe de goût et d'érudition, ce qui ne gâte rien.

Un dictionnaire classique n'existait pas, du moins tel que doit être rédigé un dictionnaire professionnel spécial, avec des exemples, des figures, des analyses, des recettes, etc., etc., d'après un plan scientifique. Près d'être fini aujourd'hui, il est déjà un monument et l'avenir en rendra gloire à notre collègue J. Favre, ainsi qu'aux brillants collaborateurs qu'il a su grouper pour mener à terme cette louable et méritoire entreprise.

Les concours, si propices à la propagande des idées, parce que toutes peuvent y être exposées, furent introduits par l'Académie dans notre corps d'état, qui en était privé, et,

sans parler des expositions alimentaires, qui jusqu'ici n'on
pas été bien comprises ou du moins appliquées à leur vrai
but, l'Académie n'a qu'à rappeler les travaux qu'elle a
récompensés pour prouver qu'il y a parmi les cuisiniers des
hommes qui ont la plume alerte et brillante, et que leurs
travaux sont aussi remarquables qu'utiles.

L'*Histoire de la Cuisine rétrospective*, de M. Philéas Gilbert
(médaille d'or) et de M E. Lacomme (diplôme d'honneur)
ont prouvé que le travail manuel peut aller, quand on est
bien doué et studieux, de pair avec le travail littéraire et
que l'on peut penser tout en agissant.

L'*Histoire du repas à travers les âges*, de notre collègue
Colombié, auquel j'adresse les félicitations au nom de
l'Académie de Cuisine, est digne de ceux de ses devanciers.
Il nous fait voir, en quelques pages, les progrès réalisés par
le seul fait du premier repas à deux.

Les innovations émanant directement de la façon dont on
voulait manger, forçant la société à se polir à mesure que les
repas allaient s'agrandissant, devenaient le point de départ
de toute fête de famille, d'alliance ou de fête publique, de
même quand on perdait un homme ou une femme remarquables.

Il nous fait également remarquer le développement philosophique parallèle et adéquat à chaque époque de migration,
conquérante ou religieuse : l'essor puissant que le repas
imprime au commerce en suscitant les échanges pour varier et
entretenir les plaisirs de la table ; comment il provoque les
voyages et les découvertes qui illustrent les explorateurs.

Passant enfin à l'époque moderne, M. Colombié caractérise d'une façon heureuse les succès de plus en plus
classiques obtenus par la France depuis le moyen-âge, fixe
les devoirs d'une maîtresse de maison actuelle, ainsi que les
qualités qui en font l'ornement de la société moderne.

Notre vice-président, L. Hânni, qui était loué dernièrement

à cette même place, par notre distingué collègue M. Darenne, avec une si belle éloquence, pour son travail aussi nécessaire qu'utile à la santé. *Une cuisine modèle*, a complété la série de concours ouverts jusqu'à ce jour par l'Académie de Cuisine.

Si nous ajoutons à ces travaux et concours, les récompenses données, soit aux Expositions, soit aux ouvriers méritants, car rien ne laisse l'Académie indifférente, l'appui fraternel qu'elle prête aux Sociétés culinaires, poursuivant d'autres buts, on verra un résultat positif et brillant à l'actif de cette Académie à laquelle nous avons l'honneur d'avoir attachés nos noms.

Certes, elle n'est pas sans défauts, mais il faut se rappeler qu'elle n'avait pas d'exemple à suivre et que tout était à créer, à organiser.

Je ne voudrais pas finir sans mentionner une des créations qui ont suscité plusieurs imitateurs. L'Ecole de cuisine de la rue Duperré, dont notre ami Philéas Gilbert a fait l'éloge dernièrement dans un vaillant organe professionnel. Cette création faite par deux membres de l'Académie, sans ressources pécuniaires et sans aucun appui officiel, mérite nos éloges, car elle prouve la foi inébranlable qu'ils ont en l'avenir de la cuisine moderne.

Permettez-moi également de revendiquer pour l'Académie une part du succès qu'a obtenu notre lauréat d'aujourd'hui à la société de l'hygiène de l'Enfance pour son travail élaboré presque sous mes yeux *de l'allaitement, de l'éducation et de l'apprentissage de l'enfant,* travail qui lui a valu une grande médaille le 6 janvier dernier.

Au nom de l'Académie, recevez donc, cher collègue, les félicitations et la récompense que je vous présente et croyez qu'elle est fière de posséder dans son sein un homme qui lui consacre autant de dévouement que de talent et d'abnégation.

J. GARDE,
Membre titulaire.

Le récipiendaire a répondu :

Monsieur le Président, Chers Collègues,

Je suis véritablement ému des bonnes paroles que notre collègue Garde, vient de prononcer et des éloges qu'il m'a adressés particulièrement au nom de l'Académie de Cuisine, mais je suis surtout charmé de ceux qu'il a adressés à mes distingués collègues, auxquels je dois au moins la bonne moitié de mes succès, puisque je n'ai fait, comme vous l'avez fort bien dit, que suivre leur exemple.

Rien après cela, ne pouvait me faire plus de plaisir que de me rappeler les succès remportés par notre Académie, je lui suis si dévoué de cœur et d'âme, que tout ce qui en rehausse l'éclat me touche, et pour vous prouver que le constant souci me pousse à lui être utile, je vais vous exposer brièvement une réflexion née précisément de la suite de travaux que vous venez d'exposer et sur lesquels j'avais réfléchi de mon côté, travaux que je n'ai pas trouvés assez complets. Permettez-moi de m'expliquer :

Cette multiple naissance de journaux professionnels développe le goût et l'étude des sciences alimentaires ainsi que celle de l'histoire de la cuisine, car c'est le premier besoin de l'homme studieux que de reporter ses regards sur le passé afin de mieux mesurer le terrain parcouru par ses devanciers. Ces études sont, en outre, très utiles pour développer les qualités que doit posséder le véritable artiste culinaire et qui sont : un vaste savoir, la tempérance, l'exactitude et la persévérance, la logique et la patience, la théorie et la pratique consommées.

Avec l'étude naît le besoin d'approfondir : mais, comme tout le monde ne peut analyser, déduire, conclure et créer, ce dont je me suis aperçu par mon peu d'aptitude, il me paraît nécessaire que l'Académie de Cuisine crée un comité permanent, technique et historique, auquel toute personne s'occupant de l'alimentation pourrait adresser ses demandes de renseignements, soit sur la première création de tels mets, l'époque et par qui il fut créé, s'il est toujours à la mode ou délaissé, etc. Enfin, qui classerait les sauces, les garnitures, les entrées, les rôts et les potages, etc., etc., de façon que, un ouvrier ou un aide employant tel ou tel prodédé, ne s'entende traiter de *mazette* par un chef qui a reçu un enseignement différent, souvent défectueux et quelquefois ignorant les vrais principes d'hygiène alimentaire.

Ce comité pourrait faire une ou deux conférences par mois, où pourraient assister apprentis et ouvriers sans distinctions aucune, où on poserait des questions au conférencier, qui, dans le cas où celui-ci ne pourrait les résoudre, seraient soumises au comité, et résolues dans les conférences ultérieures.

Cela me paraît le complément nécessaire aux créations si utiles faites par l'Académie et, en quelque sorte, la clef de voûte qui consolide l'œuvre édifié par elle.

Voyez, chers collègues, pensez et méditez, décidez et agissez, pour moi qui vois les services que le comité peut rendre, je le désire tôt créé, et, si j'ai l'honneur que je sollicite dès maintenant d'en faire partie, je vous promets d'y consacrer toutes mes forces.

En attendant cette création si utile, merci Messieurs, de votre magnifique récompense et de vos éloges, je tâcherai d'en être toujours digne.

Aug. COLOMBIÉ.

Les deux discours précédents ont besoin d'un complément indispensable, afin que les lecteurs étrangers à la corporation en comprennent le véritable sens.

Que nos lecteurs veuillent lire avec leur bienveillance habituelle les quelques pages qui suivent et qui intéressent à un si haut point, l'histoire de la cuisine contemporaine, puisqu'elles prouvent d'une manière *irréfutable* deux choses :

1° Avant 1878 aucun groupe d'études culinaires n'existait ; par conséquent tout ceux qui se déclarent fondateur de ceci ou de cela ne peuvent prouver avoir rien fondé ;

2° Que de tous les groupes qui ont surgi depuis et grâce à cette initiative, l'Académie de Cuisine est le seul qui, fondé depuis cette époque, lui ait survécu et continue cette heureuse fondation : les études professionnelles et morales, qui permettront au cuisinier de remplir avec zèle une des plus belles fonctions de l'humanité, nourrir les hommes avec discernement afin d'améliorer la race, développer le sentiment familial, en entretenant le culte de la table au foyer domestique.

Extrait de la Revue occidentale, année 1879, page 151 et suivantes.

Conférence publique et gratuite faite à la salle de la *Redoute* le 29 avril 1879, pour l'inauguration du cercle d'études sociales et professionnelles des cuisiniers de Paris, sous la présidence du docteur Robinet, père; conférencier, docteur Bazalgette.

« Quelques-uns de nos confrères positivistes, cuisiniers de profession, MM. Gaze, Chotard et Colombié frappés du peu de résultat qu'ont eu jusqu'ici les diverses tentatives de groupement faites par leur corporation, et attribuant, non sans quelque raison, ces insuccès au but exclusivement intéressé que s'étaient toujours posé leurs adhérents, ont voulu essayer un genre d'association nouveau, en mettant une tendance sociale bien marquée et des visées de perfectionnement professionnel au-dessus de l'intérêt immédiat de chacun.

« Si nous considérons quelles ont été les causes de notre impuissance jusqu'à ce jour dans les tentatives d'union qui ont été faites, disent MM. Gaze, Chotard et Colombié, dans les considérations générales dont ils font précéder les statuts, nous constatons d'abord que nous ne nous sommes jamais préoccupés d'étudier, et, partant, de connaître les difficultés que nous prétendions résoudre.

« L'étude nous aurait amenés fatalement, à reconnaître l'impossibilité d'établir entre les membres de la corporation une solidarité toujours incompatible avec la poursuite d'une amélioration matérielle immédiate.

« D'un autre côté, les associations qui ont existé jusqu'à ce jour ne se sont jamais préoccupées de maintenir le niveau des connaissances professionnelles de leurs adhérents, d'où il est résulté une infériorité relative qui, si l'on n'y remédie promptement, serait de nature à compromettre la réputation universellement acquise à notre cuisine nationale.

« Notre but se dégage ainsi de cette double considération :

« 1° Baser notre action ultérieure, sociale et professionnelle, sur une connaissance plus approfondie des relations humaines ;

« 2° Développer, par le contact personnel entre nos adhérents, les sentiments fraternels ; établir, par le concours volontaire et raisonné, une activité pacifique commune ; enfin, faciliter à la génération nouvelle, dans la mesure de nos moyens, l'accomplissement des devoirs qui lui incombent pour l'amélioration de notre situation, la prospérité de nos familles et le développement de la corporation. »

C'est ainsi qu'a été fondé par nos confrères, sous la devise générale : Ordre et Progrès, le Cercle d'études sociales et professionnelles des CUISINIERS DE PARIS, organisé d'après les principes et les données pratiques d'un groupement antérieur et moins restreint, le Cercle des Prolétaires positivistes de Paris, fondé en 1877.

Les deux cercles n'en diffèrent pas moins par leur organisation des autres groupements ouvriers.

Ils sont administrés par un bureau composé d'un président, d'un secrétaire et d'un trésorier, *qui ne sont point nommés en assemblée générale,* mais qui sont les initiateurs mêmes de l'entreprise, et qui nomment, avec l'approbation de tous les adhérents, leurs adjoints ou leurs successeurs pour les fonctions qu'ils ont à remplir.

Un article des statuts porte que des conférences seront organisées pour l'étude des questions sociales et morales, et que l'orateur pourra être choisi en dehors du Cercle.

C'est en vertu de cette disposition que, pour son inauguration, une conférence sur l'histoire de la Cuisine a été faite le 29 avril dernier, par M. le Dr Bazalgette, à la Salle de la Redoute, sous la présidence du Dr Robinet.

Six cents personnes environ assistaient à cette séance.

Nous donnerons dans notre prochain numéro le discours de M. Bazalgette; nous devons nous borner aujourd'hui à reproduire les paroles prononcées par notre collaborateur, le Dr Robinet :

MESDAMES ET MESSIEURS,

Permettez-moi d'adresser tout d'abord mes remerciements aux organisateurs de cette fête professionnelle pour l'honneur qu'ils m'ont fait en m'appelant à la présider.

Bien que je n'eusse aucun titre à une pareille distinction, je n'ai pas hésité à l'accepter, par conviction, par devoir, c'est-à-dire pour collaborer à votre bonne entreprise.

En effet, que veut le Cercle ?

Etablir des relations fraternelles, une connaissance réciproque réelle entre tous les membres de la corporation des cuisiniers pour y traiter avec fruit, les questions d'intérêt professionnel et d'ordre social.

Par un sûr instinct, il recherche donc ce qui manque encore à notre République : la fondation légale de réunions libres, de groupes indépendants, pour toutes les professions honorables, intellectuelles ou manuelles, dont le concours représenterait réellement l'opinion publique.

Cela nous manque, il n'est que trop vrai, par la faute des institutions ombrageuses que nous a léguées un passé récent, par suite de la divergence considérable des manières de voir en cette époque de transition, par la concurrence des intérêts mal éclairés qui prolongent l'isolement des individus.

Or, il ne suffit pas que la République ait un gouvernement, deux Chambres, des corps savants et lettrés, un nombreux journalisme, pour que l'on y croie absolument, que l'on y voie clair et que l'on marche d'ensemble.

Chacun de ces éléments de l'organisme politique a ses intérêts et ses préoccupations, ses habitudes et ses préjugés, il leur manque un moteur commun, un régulateur général que l'opinion du public et surtout du peuple, du prolétariat, convenablement éclairé par une doctrine réelle, par une vue positive des choses, peut seule constituer et leur fournir, par cela même que cette opinion s'en tient toujours à des idées plus générales et s'inspire de sentiments plus généreux.

Puisque, malheureusement, une telle opinion publique n'est point organisée et n'exerce par conséquent sur la direction sociale, l'avertissement, ni le contrôle, nous ne pouvons trouver ici d'exemples de son action, mais nous pouvons constater les graves inconvénients qui résultent de son absence.

Pour les travaux de Paris d'abord, c'est-à-dire pour le système de transformation ou de bouleversement que la spéculation a infligé à la Capitale, croyez-vous qu'avec une opinion publique clairvoyante et ferme, émanée de groupes nombreux, pareil à celui que vous venez de fonder, on n'aurait pas plus tôt et mieux averti la direction municipale qu'elle faisait fausse route, sacrifiant le bien-être de tous aux convoitises de quelques-uns ?

Dans la question de l'amnistie qui s'imposait irrésistiblement depuis l'avènement récent d'un gouvernement républicain, croyez-vous que la voix de cercles formés dans toutes les professions n'aurait pas dégagé et fait entendre avec autorité la formule réelle qui convenait à cette grande mesure d'apaisement et de consolidation ?

De même, dans la question Égyptienne, pour ne point revenir ici sur la question d'Orient proprement dite, cette opinion n'aurait-elle pas encore éclairé et arrêté peut-être le gouvernement de la France à la veille de prendre un parti si peu conforme à ses intérêts et à sa dignité ?

Enfin dans un autre ordre d'idées, cette grande force morale que représenterait les professions parisiennes délibérant sur toutes les questions à l'ordre du jour, n'en serait-elle pas arrivée à se prononcer un jour pour la déjouer contre la conspiration du silence, depuis si longtemps ourdie au préjudice même de notre régénération, contre cet immense ensemble scientifique, philosophique, politique et social qui s'appelle le Positivisme ?

Sur tous ces points si graves et sur tant d'autres encore, le Gouvernement, les Chambres, les Académies et le Journalisme, il faut le reconnaître, ont plus ou moins failli, et l'opinion publique n'a pu ni su se produire pour rectifier leurs déviations.

Cependant, si, dans une monarchie, la nation n'a cure que de payer, le souverain étant tout par lui-même, en république, la connaissance et la préoccupation des intérêts généraux est imposée à tous, puisque chacun, comme citoyen, comme membre d'État, est appelé à participer directement ou indirectement à la gestion des affaires publiques.

Outre les questions professionnelles, il faut donc y étudier lès questions sociales, économiques, domestiques où relatives à la famille, politiques, religieuses et morales.

Aujourd'hui, tous ces grands problèmes sont traités différemment par les conservateurs et par les révolutionnaires ; un désaccord profond existe entre eux sur tous les points ; entre l'ordre et le progrès, ces deux aspects fondamentaux de toute existence, il y a divorce.

Leur indispensable conciliation ne peut venir que de la prépondérance reconnue et suivie du point de vue scientifique, ou des théories positives, seules capables de rétablir l'harmonie et de faire cesser le conflit : d'où, encore, la nécessité et l'excellence des groupements professionnels libres, surtout populaires, indépendants des attaches officielles, parlementaires ou académiques, et de l'influence du journalisme lui-même, ces derniers éléments étant tous plus ou moins opposés, par égoïsme et par routine, à la régénération positive, qui ne peut trouver son point d'appui que dans l'entente commune de toutes les autres fractions de la société ou dans la véritable opinion publique.

Cette entente, du reste, ne restera point purement théorique, intellectuelle et morale ; elle aura un côté pratique : l'union des opinions et des sentiments emmènera le concours social.

Rappelez-vous les résultats puissants de ce concours de groupements libres, assemblées de districts, clubs, sociétés fraternelles, sociétés patriotiques, dans notre première république, c'est lui qui fit sa force et son universalité.

Avec un tout autre caractère, ces résultats n'en seront pas moindres aujourd'hui. Tous ces cercles, émules du vôtre, dont nous souhaitons la formation et le développement, seront la trame de la vie civique elle-même, à son degré le plus intime, et la meilleure garantie de la vitalité de la République.

Voilà pourquoi nous y attachons un si grand prix. C'est

ainsi que par les efforts de tous, gouvernants et gouvernés, notre France deviendra, dans la réalité, ce que peut entrevoir déjà la conception philosophique qui devance nécessairement les résultats de la politique : une nation de chefs de famille, tous citoyens, exerçant au même titre social, c'est-à-dire pour le bien commun et par un devoir qui n'excepte personne, des professions différentes, des fonctions diverses ; obtenant une influence variable d'après les deux classements pratique et moral, ou d'après la situation sociale et la valeur intrinsèque des individus ; ayant tous, par un travail normal, utile et honorable, proportionné à leur force et aux nécessités publiques, la vie de famille et la vie politique également garanties ; et pouvant assister enfin, grâce à la progression séculaire de l'amélioration de notre nature et de notre milieu, à la victoire de l'homme si longtemps poursuivie, sur la misère, l'ignorance de la vie, etc., etc.

Après cette allocution qui a été sympathiquement accueillie, le président a cédé la parole au Dr Bazalgette, le conférencier, qui a présenté un résumé substantiel et des plus intéressants de la question de l'alimentation considérée au point de vue physiologique, social et moral. Il s'est élevé par une exposition rigoureuse aux considérations les plus hautes, qui ne se prêtent point à l'analyse, et que nous reproduisons *in extenso*.

Le Président a levé la séance à minuit et demi, en remerciant l'orateur au nom de l'assemblée et en souhaitant au Cercle toute la prospérité qu'il mérite.

INTRODUCTION

En considérant le plaisir de la Table sous tous les rapports, j'ai vu de bonne heure qu'il y avait là-dessus quelque chose de mieux à faire que des livres de cuisine, et qu'il y avait beaucoup à dire sur des fonctions aussi essentielles, si continues, et qui influent d'une manière si directe sur la santé, sur le bonheur et même sur les affaires.

(Préface de la *Phisiologie du goût*. Brillat-Savarin.)

De la méditation de cet alinéa est née l'*Histoire du Repas* telle que j'ai l'honneur de la présenter au public, avec les réflexions philosophiques que cette méditation a provoquées.

Cette étude plaira-t-elle à ce public que je sais choisi d'avance ? Le courage qu'il faut à un illettré pour la mettre à jour suffira-t-il pour empêcher des critiques trop acerbes ?

Les témoignages de sympathie qui ont accueilli nos modestes publications antérieures, nous seront-ils continués ? Nous osons l'espérer et en remercier d'avance nos bienveillants lecteurs et surtout nos lectrices, si indulgentes et si bonnes.

Aug. COLOMBIÉ.

Mai 1893.

HISTOIRE DU REPAS

A TRAVERS LES AGES

Un bon repas est toujours agréable,
A deux il est piquant, charmant et doux,
Surtout quand le gazon leur sert de table,
Comme il servit jadis, aux deux Époux.

Si la cuisine ne remonte pas jusqu'à notre premier Père Adam — nom que faute d'autre il faut accepter, la tradition nous le donnant comme celui du premier homme — on peut, sans qu'aucune contestation soit possible, affirmer que le premier repas a été fait par lui.

Comment et avec quoi fit-il ce premier repas ? A quelle époque de notre planète ? En quel endroit ? Quel était son âge, sa taille et ses ressources ?

Ces divers problèmes, comme celui de sa naissance resteront sans solution, du moins tant que la science, encore nouvelle de l'anthropologie, n'aura pas ajouté à ses remarquables découvertes des faits plus précis. Toutefois, on peut préjuger déjà qu'elle avance rapidement vers une solution plus positive que celle de la légende antique.

Ce que l'on peut affirmer, c'est que la naissance de l'homme ou son apparition sur la planète est de beaucoup plus reculée qu'on ne l'a supposée jusqu'à la découverte des squelettes des couches quaternaires de Canstadt et de Cro-Magnon.

A cette époque, en effet, il était déjà dégrossi et assez civilisé pour s'habiller, faire usage du feu, se parer d'ornements, sculpter quelques andouillers de cerfs et enterrer ses morts. Cela nous prouve qu'il avait des prédécesseurs, le fondateur de cette petite colonie ou famille, car d'emblée l'homme n'a pu arriver à cette perfection qui nous paraît pourtant si primitive, que, pour bien des personnes, le *troglodyte* est synonime de premier homme.

Le champ des hypothèses sur la manière dont vivaient nos premiers parents reste donc ouvert.

Nous userons de cette latitude sans nous écarter des probabilités générales ; bien au contraire, nous nous baserons sur les plus claires que la tradition nous a transmis : nous essayerons de déduire ce qui peut être vrai ou nous paraître tel, de ce qui a été plus ou moins bien interprèté, plus ou moins laissé dans l'ombre.

De l'analyse de ces faits, nous tâcherons de tirer une conclusion acceptable.

§

L'histoire du repas doit donc commencer dès l'apparition du premier homme, puis, traversant les âges successifs des périodes légendaires et historiques, nous devrons, pour répondre au concours proposé par l'Académie de Cuisine et aux vues qui l'ont dicté, en déduire les coutumes, les mœurs, les lois et les situations imposées ou conquises par les diverses phases civilisatrices successives et arriver à la civilisation actuelle si différente sous tous les rapports.

Le travail paraît ardu, surtout à celui qui n'a jamais tenu une plume, mais comme d'après les philosophes tout travail intellectuel moralise et élève quiconque s'y livre de bonne foi, nous espérons que MM. les membres de l'Académie de Cuisine se montreront indulgents pour l'auteur du présent mémoire en faveur du but qu'il poursuit, et qu'ils voudront bien se rappeler, en portant leur jugement, que cet auteur a beaucoup plus *cuit* qu'*écrit*, ce qui est loin d'être synonime.

§

Aujourd'hui que l'évolution sociale, inaugurée il y a un siècle, *se classe*, parce que le fait qui l'a provoquée s'est en quelque sorte synthétisé, la cuisine, cet inéluctable besoin journalier, réapparaît au grand jour avec d'autant plus d'autorité qu'elle s'est vue plus longtemps délaissée, critiquée, sans aucun des ménagements que les terribles circonstances qu'elle venait de traverser auraient dû lui valoir.

Une aurore nouvelle se lève, et, consciente de sa force par sa nécessité même, par sa double utilité individuelle et sociale, elle se reprend, ne voulant plus accepter le modeste rôle imposé par le cataclysme aussi imprévu que douloureux, d'il y a une vingtaine d'années. Si tout s'est relevé depuis, elle veut aussi s'asseoir au banquet de la vie, prouver qu'elle n'a pas dormi, mais qu'elle s'est recueillie afin de mieux s'armer pour l'avenir, profiter des nouvelles découvertes qui ont été faites depuis que notre vaillant et laborieux pays s'est reconquis. Prendre date pour l'avenir, afin que sous l'impulsion de quelque nouveau Carême que vos concours feront surgir, elle puisse étonner un monde que le téléphone et l'électricité n'étonne plus.

Prendre la tête de ce mouvement convenait admirablement à l'Académie de Cuisine, aider ce mouvement en créant une série de concours prouvait combien elle est sagace. Diriger ce mouvement vers un but d'utilité générale, capable d'améliorer la race, démontre sa nécessité et sa valeur.

Que n'avons nous l'autorité nécessaire pour lui décerner les éloges qu'elle mérite. Nos successeurs feront mieux.

Mais, passons et rentrons dans le sujet du concours.

CHAPITRE PREMIER

Les repas ont fait l'objet de différents traités classiques, mais toujours à un point de vue didactique vague, spécial à une époque, à une cause, jamais au point de vue de leur influence bonne ou mauvaise sur les différentes branches industrielles, commerciales, artistiques, civiles ou religieuses.

Nous essayerons de combler cette lacune afin de bien marquer l'ère culinaire nouvelle, ère qui va s'affirmant scientifiquement de plus en plus, ce qui fait croire aux esprits prévoyants qui regardent pour voir, afin de savoir et pouvoir appliquer opportunément les modifications, imposées par les découvertes nouvelles, et qui, en élevant la profession ainsi que le professant, indiquent que l'heure est sonnée pour fixer les réformes nécessaires et les besoins nouveaux.

Nous essayerons également de prouver, ce qui semble échapper aux nouveaux gouvernants, que la cuisine et, partant, les repas d'un peuple, sont deux éléments de progrès continus, civilisateurs au premier chef, la base de la résistance morale et physique d'un pays, ainsi que le nerf principal de son commerce, parce qu'ils englobent dans leurs besoins multiples et incessants, les trois cinquièmes de la force productive et active du genre humain.

Manger, n'est-ce pas, en effet, le premier et le dernier besoin de l'homme ? Celui qui lui procure, grand ou petit, jeune ou vieux les plus agréables sensations et aussi les plus répétées ? Celui auquel, bon ou malgré, il sacrifie le plus d'instants de veille dans les petites ou grandes, riantes ou douloureuses situations de la vie ?

Un besoin aussi impérieux qui rend sourd et féroce l'homme le mieux doué, doux et humble le plus féroce, ne laisse dans tous les cas, ni l'un ni l'autre indifférent quand ce besoin le presse ; mérite et provoque l'attention, l'étude, les méditations et les réflexions des gens sérieux.

§

Si nous nous reportons au berceau de la civilisation, nous pourrons suivre pas à pas la marche ascendante des différentes époques qui en ont marqué les principales étapes.

Nous pourrons, en même temps, mieux apprécier les usages qui découlaient, analyser et caractériser d'un mot, ou d'un fait, ces époques déjà lointaines, en voir les formules philosophiques, les sentiments divers, les travaux professionnels et l'esprit des aspirations qui prévalaient pendant ces lentes évolutions ; les découvertes qui en étaient les suites, la manière dont on les appliquaient et les conséquences logiques ou forcées qui en résultaient, pour le bien-être de la société de ces époques lointaines.

En jetant les yeux, superficiellement, sur ce passé qui se résume et se condense en plusieurs légendes, avant que l'histoire ait eu, grâce à l'écriture, le moyen de nous transmettre des faits précis, nous voyons déjà apparaître deux faits bien nets : 1° les premiers humains étaient frugivores ; 2° le feu fut mis au service de l'homme à une époque où il possédait déjà une certaine civilisation.

En continuant cette investigation superficielle, on voit apparaître trois autres époques bien distinctes qui ont donné lieu à des manifestations positives, imposant une nouvelle ordonnance des repas, ce sont : 3° l'époque patriarcale ou sacerdotale ; 4° l'époque de la séparation des deux pouvoirs théologique et militaire ; 5° et enfin l'époque artistique, qui commence à la Renaissance, pour se continuer, malgré une solution très apparente vers le XVme siècle, jusqu'à nos jours.

§.

L'époque primitive caractérisée par une liberté désordonnée et peu appréciée, faute de lumières, dont tout autre règle que le besoin, le caprice ou l'invention étaient les principales qualités, pourrait se diviser comme nous l'avons fait plus haut, en deux périodes : 1° époque des primitifs ; 2° époque des troglodytes. Il nous semble que vu le peu de faits précis que l'on possède, sur le temps plus ou moins long que ces époques durèrent, le titre d'époque primitive paraît nous suffire pour la bien démontrer et analyser.

C'était le premier âge de l'humanité, l'enfance de tout, et les besoins de l'homme ne devaient être guère plus nombreux que ceux des animaux supérieurs de l'époque. C'était l'anarchie naturelle.

L'heure des repas n'avait pas encore sonné. L'homme se nourrissait. Un point, c'est tout.

§

L'époque patriarcale et sacerdotale lui succéde et marque un progrès réel.

L'homme est déjà moins chasseur que pasteur et agriculteur. Au nom d'un principe moral qui lui fait prévoir l'avenir incertain, malgré ses déplacements successifs vers les régions plus clémentes, il commeuce à faire des avances pour mieux sustenter les faibles dans la mauvaise saison : il impose à ses descendants et alliés des habitudes qui deviendront des lois d'hygiène, en défendant tel aliment, en fixant soit le jour et l'heure où on doit l'absorber, soit la quantité qu'on peut en prendre.

Cette époque, qui n'est pas sans charmes, est l'époque la plus heureuse de la création, celle où l'homme a goûté la plus longue joie, où les mœurs ont dû être d'une douceur parfaite. Les repas devaient être des banquets de famille où, malgré l'absence de toute complication, le temps devait passer inaperçu. Le mot d'époque patriarcale nous semble lui convenir et la caractériser parfaitement.

§

L'époque suivante, qui eut pour résultat la séparation des deux pouvoirs, théologique et militaire, peut s'appeler l'époque barbare. C'est, en effet, de cette époque que date l'inégalité des hommes, leur cruauté féroce, l'ambition et le machiavélisme qui soulèveront tant de tempêtes humaines, et, au nom d'un dieu ou d'un homme, bouleverseront le monde, au point de n'y trouver un coin pour y jouir d'une tranquillité modeste. C'est l'époque politique ou de l'oligarchie.

Les repas, fastueux en haut, étaient parcimonieux en bas.

§

L'époque artistique, qui lui succède, hérite des défauts de la précédente, mais les beaux arts, qui imposent la culture mentale, obligeront l'homme à se polir; l'âme de la société, la Femme, mieux disposée à apprécier les bienfaits de cette culture morale, la propagera, et les libertés renaîtront.

On pourrait l'appeler l'époque primitive finale, car elle renferme les germes de la paix universelle. En développant la morale sociale et en la fécondant par le dévouement, la Femme donnait l'élan général au commerce et à l'industrie, plus bienfaisants que la guerre, demandant aussi beaucoup plus de tranquillité et de liberté, afin que les transactions soient plus actives et mieux assurées. Les voyages en devinrent plus réguliers, les mœurs des différents pays firent naître des comparaisons et la liberté des cultes suivit celle de voyager et d'échanger les produits.

Les repas sont alors plus brillants, mieux ordonnés,

plus assurés, et l'inégalité est bien moins réelle par le fait de cette sécurité.

§

Ainsi, le premier fait capital qui se dégage de cet examen sommaire et rapide, est que les écrivains qui se sont occupés jusqu'ici des repas, ont négligé l'importance réelle et si longtemps suivie des ordonnances sacerdotales, qui dictaient les aliments, le poids, l'heure, l'époque de l'année ou de la journée où il fallait les manger, les soins hygiéniques ou moraux qui devaient précéder le repas.

Les peines corporelles qui étaient infligées aux délinquants étaient quelquefois si graves (et si peu encourues aussi), que cela devenait une habitude nationale à la suite de trois ou quatre générations successives, et devenait une réelle force politique dans certains cas, comme elle amenait des cataclysmes redoutables dans d'autres, soit à la suite d'une invasion ou d'une mauvaise récolte, soit d'une émigration forcée par un fait géologique ou climatérique anormal.

Partant, ces perturbations étaient si grandes que tout sombrait à la fois. Voilà pourquoi on peut suivre les traces laissées dans l'histoire par certains exodes, Noé, les Hébreux, plus près de nous Attila. Un peuple changeant de maître après une de ces guerres terribles; une colonie changeant de climat, devaient changer leurs habitudes, dans les deux cas, le peu de commerce qui se faisait sur la nourriture, changeait de main, et il était impossible que dominateurs et vaincus, maîtres et esclaves, eussent les mêmes lois, les mêmes goûts, cela soulevait une haine et une antipathie des uns contre les autres, que ni le temps, ni les concessions ne pouvaient vaincre entièrement ; aussi dans les guerres nationales voient-on les prisonniers condamnés à mort, pour éviter les révoltes et tout retour offensif de la nation vaincue.

Quand Joseph, le ministre du Pharaon égyptien eut obtenu de réduire les prisonniers à l'esclavage, et de les consacrer aux travaux manuels et grossiers, il donna pour raison que le nombre des guerriers pourrait être augmenté d'autant de citoyens qui étaient consacrés à ces travaux. La raison fut trouvée bonne ; aussi ce noyau d'esclave permettra plus tard à Moïse la reconstitution de ce peuple que l'on croyait détruit.

Ce progrès énorme, de laisser la vie aux prisonniers prouve aussi combien était tenace une habitude religieuse. Ceux-ci ne pouvaient suivre leur coutume, de là une lutte continue, sourde et sans arrêt, qui empêchait tout échange d'idées avec les vainqueurs, de sorte que les bienfaits qu'aurait produit ce mélange de races était nul, sinon rétrograde, comme il arriva plus tard, quand la Grèce fut envahie. Voilà pourquoi l'histoire ancienne est si pleine de trous, de lacunes, de faits obscurs où à jamais perdus, enfouis qu'ils sont dans l'oubli profond et insondable des siècles primitifs.

§

Nous devons nous borner, nous, à traiter de l'*Histoire du Repas* ; mais tout en essayant de voir sa naissance, son développement et sa fonction sociale, nous rechercherons si c'est le repas qui transformait les mœurs, ou si, au contraire, il se transformait à leur gré. Nous verrons, en un mot, si c'est le repas qui modifiait l'homme, ou si c'est l'homme qui modifiait le repas, en devenant plus poli, plus sociable, plus instruit, plus gourmand et raffiné.

Nous comprenons l'importance d'un tel programme et sommes loin de croire que nous pourrons le remplir. Nous avons au contraire la certitude que seule notre volonté nous pousse à concourrir, mais qu'il nous soit permis de dire encore une fois, qu'une erreur exposée de bonne foi, fait faire bien souvent d'heureuses découvertes, n'aurions-nous fait pour notre part, qu'en provoquer une, nous nous verrions payés de notre peine. C'est ce ferme espoir qui nous donne le courage de poursuivre.

NAISSANCE DU REPAS

Comment l'homme est-il né ?

Où est-il né ?

Voilà la double question que se sont posés et que se poseront bien des penseurs, anthropologistes et autres avant d'avoir une réponse à peu près positive, sans qu'un doute cruel tenaille leur esprit même après l'hypothèse leur paraissant la mieux établie.

Pourtant, il faut avoir une opinion vraie ou fausse.

Comment faire, sans cela, l'exposition approximative du premier repas de l'homme ?

Est-il né assez grand pour se procurer le nécessaire à son premier repas ? Avait-il des dents ? Est-il né comme il naît aujourd'hui tout petit et incapable d'autre fonctions que celle de téter ?

Voilà les questions que se posera le cuisinier qui

voudra traiter la façon dont dut être fait le premier
repas de l'homme, et alors il devient perplexe, il voit
le gouffre et, une hésitation lui est permise.

Après réflexion il se dit : s'il était grand, il a mangé ;
dans la seconde hypothèse, il a tété, comme tétent de
nos jours les nouveaux-nés. Une autre question naît de
cette réflexion : Qui a-t-il tété ? Sa mère ? Alors l'idée
du père intervient. On passe à la création surnaturelle,
et on se figure difficilement un créateur qui ne mange
pas. On n'est pas satisfait. Et voilà la *folle du logis*
qui se met à trotter, on pense aux légendes qui vous
ont été racontées étant enfant, c'est encore loin de vous
sutfire. On pense à Daphnis et Chloë nourris par des
chèvres, à Romulus et Rémus, nourris par une louve,
enfin on arrive aux études plus rationnelles des anthropologistes, on les étudie avec acharnement, espérant
y trouver la solution de ce problème, et vous voilà
courant aux conclusions tout d'une haleine, rien, des
suppositions. Vous en prenez un autre, un autre... et
puis ? Vous assistez à des combats gigantesques, entre
des talents divers et tous empreints de génie, mais
toujours du vague, cette crainte de s'affirmer qui
désespère les gens au caractère franc, qui aiment la
vérité jusque dans sa brutalilé, dans sa gangue.

Les uns disent : nous descendons des singes (celui-là
devait être fort laid et leur ressembler, sans cela il aurait
préféré descendre de l'Apollon du Belvédère). Les
autres nous font descendre d'un anthropoïde qui a
précédé l'homme de quelques générations seulement,
étant déjà homme lui-même. D'autres, mais ceux-là ont
l'air de prendre des gants pour le dire, croient qu'il est
né spontanément comme sont nés les autres animaux,

parce qu'il n'était pas plus difficile à la nature de produire un singe qui est si laid, ou un homme (qui certes à assez d'autres défauts) qui est un peu plus beau, mais, en somme, guère plus difficile à faire. Enfin, il y en a qui disent qu'il n'est pas venu du tout, que c'est un mariage successif de toutes sortes de bêtes qui a produit ce brillant résultat. On a le droit d'en être étonné.

Enfin, d'où qu'il vienne, il est venu, puisqu'il est là, qu'il s'interroge, qu'il se répond, qu'il se sent vivre et penser et qu'il mange !

§

Est-il descendu du singe ?

Pour ma part, je croirai difficilement que la Vénus de Milo est la reproduction d'une descendante de ces affreuses bêtes que l'on appelle orang-outang ou chimpanzé ; même en intercalant entr'eux et elle, les Papous, les Cafres ou les Dahoméens qui, pourtant, ne sont guère plus beaux que les singes et que, s'il n'était le respect que je dois à des hommes, je trouverai moins aimables, puisqu'ils nous mangent à la broche, ce que ne pourrait faire aucun anthropoïde.

Dans ce cas on peut se demander : 1° Pourquoi cette filiation s'est interrompue ; 2° Pourquoi on n'a pas trouvé trace de squelettes intermédiaires entr'eux et nous ; 3° Pourquoi les trois races : orang-outangs, gibbons, chimpanzés ne se marient pas plus entr'elles qu'elles ne se marient avec la race humaine ?

La nature aurait-ells changé son principe absolu qui est de donner un cachet d'invariabilité à tout ce qu'elle produit, qui caractérise pour jamais et l'espèce et la race ? La double hérédité morbide et physiologique n'est-elle pas reconnue par nos criminalistes qui se montrent si cléments aux assassins, qui ont eu des ascendants névrosés ou atteints d'infirmités graves ?

§

Une autre école dit que l'on ne peut fabriquer des hommes que par des moyens naturels, et qu'il est par conséquent impossible qu'il soit né spontanément.

A ceux-là, on peut répondre que les archéologues ont prouvé que le cheval a pu et a dû naître sur plusieurs endroits du globe et sans aucun doute, pas aux mêmes époques ; que l'électricité entoure l'homme depuis qu'il est né, et qu'avant Volta, on aurait pu nier et son existence et les services qu'elle nous rend ; seulement, il fallait la capter et la mettre au service de l'homme. Sait-on si un autre génie ne trouvera pas le vibryon qui a donné naissance à la race humaine ? Pendant combien d'années n'a-ton pas nié la rotation terrestre, la possibilité d'en faire le tour, l'existence du continent Américain. Tout cela est si banal quoique presque contemporain, qu'il le serait aussi d'en parler.

§

Le transformisme veut tout éclaircir et tout prouver, mais il laisse dans l'ombre et sans réponse une foule de faits qui constituent précisément ce que nous appelons faute d'expression plus grandiose : « Les merveilles de la nature ». Il la rapetisse tellement qu'il la réduit presque à l'impuissance et lui enlève toute faculté créatrice de haut vol.

Lui était-il si difficile, à notre mère commune, il y a des milliers de siècles, alors qu'elle était pour ainsi dire vierge, jeune, vigoureuse et forte, de créer cet infiniment petit, l'homme ? Il nous semble que c'est pénible et mesquin de croire que le premier effort de combinaison organique fait par quatre éléments (1) vierges encore, l'air, l'eau, le feu et la terre, ait abouti à la simple création d'un zoophite ou d'une monère, pour arriver par une suite de transformations successives à mettre au jour les pachydermes préhistoriques, que la terre restitue de temps à autre et dont le rêve ou le cauchemar le plus lucide, ne peuvent nous donner qu'une idée imparfaite.

Pourquoi aussi, dans le cas où le transformisme aurait constitué l'état électif de la matière y aurait-il eu des individus de chaque espèce, de chaque race, de chaque ordre qui auraient eu la faculté d'échapper à cette loi ?

Pourquoi auraient-ils été privés de ses bienfaits et condamnés à perpétuer des espèces ou des races imparfaites ou si disgracieuses, et d'autres si laides ? Les quatre éléments avaient-ils tenu conseil et s'étaient-ils tracés une limite à atteindre ? Pourquoi cette limite s'est-elle arrêtée à l'homme ? Ne pouvaients-ils le faire meilleur qu'il est, où tout au moins le faire plus parfait ?

La cause de la survivance des plus aptes ne peut nous suffire, malgré l'autorité avec laquelle Darwin l'a détaillée. Aussi, dirons-nous avec Owen :

« Les générations ne peuvent varier accidentellement. Elles suivent des voies préordonnées et en corrélations réciproques. »

Tandis que le docteur Mivast se refuse à voir dans

1 Vieux style.

la survivance des plus aptes, non seulement la cause unique, mais encore la cause principale qui a donné naissanee aux faunes et aux flores passées et présentes.

Dix chapitres sur douze que contient son livre, sont consacrés à démontrer que cette théorie ne peut expliquer le début des particularités organiques utiles ; qu'elle est en désaccord avec la co-existence d'organisations très semblables d'origines diverses... qu'il y a de bonnes raisons pour admettre que les différences spécifiques se développent soudainement et non par gradation sensible ; que les espèces peuvent varier seulement dans des limites fixes, mais différentes pour chacune d'elles, que l'on ne voit nulle part les formes fossiles de transition dont la théorie de Darwin suppose l'existence, que certains faits géographiques soulèvent de très sérieuses difficultés ; que l'on n'a pas réfuté l'objection tirée des différences physiologiques existant entre les races et les espèces, que la sélection naturelle ne jette aucun jour sur une foule de phénomènes des êtres organisés, etc.. (1)

(M. Faye vient de déposer sur le bureau de l'Académie des Sciences un exemplaire de la traduction du discours que prononça jadis lord Salisbury à l'Association britanique, dont il était président, sur « les limites de la science ». Après l'avoir analysé, après avoir examiné ce que le chef du cabinet anglais pense de la théorie anatomique, des assertions des savants sur la durée des périodes géologiques, M. Faye en était arrivé aux appréciations que Lord Salisbury émettait

1 De Quatrefages, *Journal des Savants*, 2.

sur des théories de Darwin, sur la sélection naturelle et l'évolution, et l'académicien ajoutait : « C'est une chose dont j'ai été profondément surpris que de voir un philosophe anglais, qui rend si pleine et si glorieuse justice aux travaux de Darwin, s'attacher néanmoins à mettre en lumière l'insuffisance de ses hypothèses. »

Et M. Faye terminait en insistant sur les contradictions qui, selon lui, détruisaient la théorie de la sélection naturelle.

Après lui, M. Blanchard, membre de la section de zoologie, prenait la parole à son tour et approuvant pleinement les tendances du marquis de Salisbury, il ajoutait :

« Dans un de mes ouvrages, j'ai porté un défi à tous les transformistes de citer un seul cas de métamorphoses qui ne soit pas dû au polymorphisme, et depuis trente-cinq ans que j'ai écrit cette page, il ne s'est pas présenté un seul savant pour me montrer la transformation d'un être. Il ne s'est présenté personne, et personne ne se présentera.

« Moi-même j'ai fait des essais nombreux pour faire changer la couleur des ailes d'un papillon, et je n'ai pu y parvenir ! ! »)

§

Buffon tient pour l'unité de l'espèce humaine et la multiplicité de ses races.

De Quatrefages dit : « Il existe entre les races un *abîme qu'aucune influence* physique ni morale ne saurait combler. La barrière entre l'Australien et l'Européen est infranchissable. » Il aurait donc fallu qu'il y eut sélection de plusieurs espèces ce qui multi-

plierait les témoins intermédiaires. On a trouvé des
ossements de mammifères depuis l'époque secondaire,
et aucun ne porte trace de cette sélection ni transformation.

La nature produit, le temps modifie, mais de là à
une transformation aussi radicale que celle d'un singe
en homme, il y a loin.

Pour ma part, la création de l'homme par ces petits
moyens me paraît au-dessous de son rôle dans la
nature, de ses talents, de ses qualités, du but éminemment moral qu'il poursuit depuis tant de siècles.

Cette raison peut paraître spécieuse, mais si on
réfléchit à l'importance qu'attache la science à l'origine
du sujet, on y réfléchit plus profondément et le
résultat n'est pas favorable à la sélection.

Nous ne voyons, nous, pour la reproduction des
êtres qu'un même système général, la fécondation ; mais
la nature devait à cette époque primitive et neuve dis-
poser d'autres éléments, tirés de la richesse des ma-
tériaux.

Voilà pourquoi une création *unique* nous paraît peu
logique, tandis que le luxe de la répétition nous paraît
tout naturel vu sa puissance à produire.

Voilà pourquoi la théorie du transformisme nous
paraît plutôt la théorie de la *reproduction* de la vie
par l'accouplement, au lieu de la théorie de l'*éclosion*
de la vie, qui a dû avoir lieu bien avant la reproduction
par l'accouplement. N'est-il pas facile et logique de
concevoir que l'œuf est le produit d'un double facteur,
mâle et femelle, qu'il n'est un être vivant qu'à condition
que la chaleur le fortifie, le mûrisse, lui donne la forme
de larve, de chrysalide, afin qu'il devienne papillon, oi-

seau, etc., etc. La nature nous semble seule apte à donner naissance à des êtres animés qui, arrivés à l'âge adulte seront poussés par l'instinct de la reproduction et par cet acte perpétueront l'espèce.

Comment ce fait s'est-il produit ? Il est certes difficile de le savoir, puisque de nos jours on ne peut arriver à savoir comment naissent les truffes, pour lesquelles les gourmets, tous les hommes d'esprit et de talent, paraissent avoir une affection particulière, qui leur fait ardemment désirer de trouver le secret de les reproduire et pourtant, on sait, à quelques décimètres près, l'endroit où elles *naîtront*.

La séparation si tranchée des races, qui persiste jusqu'à revenir au point de départ, après plusieurs croisements, est une hypothèse favorable à la multiplicité des souches primitives, et peut laisser supposer qu'alors comme aujourd'hui il y en avait de plus ou moins belles, plus ou moins bien douées sous le rapport des sens, c'était une variété à laquelle se plaisait la nature à qui l'uniformité ne pouvait convenir, au contraire, car elle avait besoin d'animer l'univers entier pour attacher la créature à la vie, lui faire désirer de prolonger son existence et son bien-être, qui sont le double facteur du progrès incessant,

LES ANTHROPOMORPHES

Certains savants et non des moins sérieux adoptent une filiation tout autre que celle de la descendance du singe et croient que l'homme a eu plusieurs précurseurs qu'ils nomment *anthropopithèques* et qu'ils disent être un homme dans toute l'acception du mot. Seulement ils disent que cette race était imparfaite, c'est peut être un jugement imparfait à son tour et un défaut d'appréciation du temps et des lieux. L'homme à cette époque ignorait l'usage du feu et la lumière, des vêtements et de l'habitation, le langage, les voyages et en un mot tout ce qui l'élève et le fait un être social. Comment alors aurait-il laissé des traces ainsi qu'en ont laissé ses successeurs mieux civilisés?

Mais sa conformation devait être plutôt supérieure à la nôtre car il n'avait pas hérité des vices, des déformations qu'il a contractés à travers les siècles. Il devait être moins intelligent parce que l'organe cérébral n'avait pas eu lieu de s'exercer, mais ce qu'il a laissé d'imparfait nous prouve déjà l'éveil de son intelligence, il avait tout à créer, il ne manqua pas à l'obligation qui était pour lui d'ébaucher les inventions. Les preuves qu'il a laissées de son passage nous prouvent qu'il n'était guère plus en retard que la race tasmanienne, que les contemporains ont vu disparaître et dont la femelle de l'homme australien fouillait le sol de son bâton pointu, pour déterrer des racines et une espèce de truffe croissant au pied des arbres morts.

Un éminent professeur à la Faculté de théologie de Paris, M. l'abbé Favre d'Envieu, a systématisé l'ensemble des idées auxquelles ses confrères n'avaient touché qu'en passant, l'idée d'*anthropomorphes supérieurs* à ceux qui existent encore, précurseurs de l'homme, que la Providence aurait laissé périr avant de créer nos premiers parents (1).

---

1. Père Valbroger-Montsabré.

Dans son livre *Les origines de la terre et de l'homme*
il a fait preuve de connaisances sérieuses et variées.

La vingtième proposition de cet ouvrage donnera un
aperçu général des doctrines de l'auteur, la voici :

« L'archéologie préhistorique et la paléontologie
peuvent, sans se mettre en opposition avec la sainte
écriture, découvrir, dans des terrains tertiaires et la
première partie des terrains quaternaires des traces
préadamistes. En ne se préoccupant pas des créations
antérieures à l'avant-dernier déluge, la révélation bi-
blique nous laisse libre d'admettre l'*homme du diluvium
gris*, l'*homme du pliocène* et même l'*homme eocène*.

D'un autre côté, toutefois, les géologues ne sont
pas fondés à soutenir que les hommes qui auraient
habité sur la terre à ces époques primitives doivent être
comptés au nombre de nos aïeux.

Ainsi, sans être très explicite à cet égard, l'abbé
d'Envieu paraît en accepter l'existence, tout en faisant
remarquer, avec raison, que l'on n'a pas encore découvert aucun ossement remontant à cette époque — 1873
— (M. de Quatrefages écrivait en 1883 et disait « qu'il
n'avait rien à ajouter ni à changer à cette déclaration ».)

Mais, fait observer l'auteur, nous serons d'accord
avec la logique en déclarant que l'on ne peut pas
conclure, des renseignements négatifs obtenus jusqu'à
présent, que certains hommes n'existaient pas avant
l'époque quaternaire... Ces hommes pouvaient habiter
quelques contrées peu étendues ou inexplorées jusqu'ici.
Du reste, les instruments antédiluviens ne prouveraient
pas par eux-mêmes l'existence de l'homme.

Il faudrait tout au plus conclure de l'existence de ces

travaux d'art, que l'on a trouvé des traces d'un animal raisonnable dans les terrains tertiaires. Nous ne pouvons pas soutenir, en effet, qu'il n'y a pas eu pendant les formations ante-héxamériques des intelligences servies par des organes différents des organes humains.

Voici quelques autres passages où la même pensée est reproduite et développée à propos des découvertes faites dans les couches tertiaires :

« Nous avons dit que certaines entailles pouvaient être le fait d'un ouvrier raisonnable autre que l'homme. »

« Le principe pensant ne résulte pas de la constitution physique ou chimique de nos organes. »

« Dieu a pu attacher l'intelligence à d'autres espèces animales dont le développement artistique a été peu sensible. »

« Ainsi, au milieu de la flore primitive, se trouvait peut-être un animal intelligent qui se nourrissait de racines, de feuillages ou de graines... Rien ne nous empêche donc de croire que des races d'hommes ou de quelques animaux raisonnables ont existé pendant le déroulement des trois premières époques géologiques. Un animal doué d'une âme intelligente couronnait chacune de ces créations. Ces êtres ont eu chacun leur temps d'épreuves, ils ont accompli leur destinée terrestre, et, lorsqu'elle a été terminée, Dieu leur a donné une récompense ou un châtiment. »

On voit que, partis de points opposés, MM. de Mortillet et l'abbé d'Envieu se rencontrent en ce sens qu'ils accordent à l'homme actuel à peu près le même nombre de précurseurs. Mais les deux auteurs attribuent un rôle bien différent à ces êtres intelligents, qui n'étaient pas encore des hommes. Dans la pensée du prêtre croyant, il fallait que chaque génération eût son intelligence capable de comprendre les beautés de la nature et d'en offrir l'hommage au Créateur. Puis, « lorsque le temps prescrit pour les races qui nous ont précédés fut terminé, Dieu détruisit, dévasta leur demeure. Il la restaura ensuite par l'œuvre des six jours et il procéda à la création d'une nouvelle race d'adorateurs. »

A ce point de vue, l'homme a eu de simples devanciers, avec lesquels il n'a rien de commun, et il est séparé du dernier, comme ils le sont les uns des autres, par un de ces chaos dont parlait Boucher de Perthes.

Au contraire, pour M. de Mortillet comme pour Darwin et tous ses disciples, les créations successives s'engendrent et se continuent. L'homme actuel se rattache aux plus anciens anthropopithèques par une filiation ininterrompue. Les formes se sont quelque peu modifiées, l'intelligence a grandi, mais nous n'en sommes pas moins, dans toute l'acception physiologique du mot, ses arrière-petits-fils.

Ceci fait remonter la naissance de l'homme à une époque bien antérieure à la création adamiste, mais si on ajoute à ces lignes déjà significatives, celles du révérend P. Belleneck, jésuite, on voit que l'on peut discuter largement cette question. Il a déclaré, en effet, que « le transformisme, même appliqué à l'homme, de même que la génération spontanée, n'ont rien de contraire aux dogmes fondamentaux de l'Eglise. Les croyants peuvent donc discuter avec nous sans scrupules : il est bon que cette raison soit publique et connue (1). »

(1) Dequatrefages.

Ces races de *précurseurs* se seraient-elles perpétuées jusqu'à nos jours, parce qu'elles sont réfractaires au croisement, et les Cafres, Papoues, etc., en seraient-ils les arrière-petits-fils, dont la sève vitale se serait épuisée ?

Nous verrons par la suite l'ancienneté de la race blanche et nous aurons lieu de nous étonner, encore une fois, de cette séparation qui existe entre la perfectibilité de cette dernière et la répulsion instinctive qu'éprouvent les aborigènes des îles, qui, cependant, depuis Christophe-Colomb, auraient eu le temps de subir une sélection, tout au moins morale. Est-ce à dire que la race nègre est inférieure ? Nous croyons plutôt à sa décadence, parce qu'elle est la plus vieille ou bien que le climat l'a usée plus vite.

DE LA GÉNÉRATION AGAME

Les plus vieilles traditions de l'Inde, de même que la tradition adamiste, nous laissent entrevoir que l'humanité naissante a eu quelque peine à se dégager de la masculinité. Ainsi tous les premiers Dieux sont mâles, tous les premiers venus des humains le sont également, cela fait supposer que la différentiation des sexes a dû être longue à s'établir. Ce point est important à noter puisque, jusqu'au moment où il y eût l'*homme* et la *femme*, l'humanité était un mythe. Dès cette démarcation, il y eut un progrès réel, et quel que fut l'homme ou la femme qui marqua le premier, soit par un signe, un son ou un mot, la différence qui les caractérisait, qu'il fut blanc ou noir, celui-là fut le révélateur de l'espèce et celui qui leur donna leur véritable situation royale ; le droit de commander à la nature.

Que l'homme soit venu, comme le dit Karl Snell, en invoquant les faits que présente l'histoire des insectes, « les animaux supérieurs ont vécu longtemps sous des formes larvaires », ou d'après Réaumur, qui dit par exemple : « qu'il n'existe aucune véritable production, il n'y a que des développements : une plante, un animal qui nous semblent nouvellement formés (les vibryons), existaient depuis l'origine des choses, ils apparaissent dès que les circonstances leur permettent de s'étendre et croître jusqu'à la portée de nos sens. » Ce qui est vrai de l'être entier, l'est aussi de ses parties, par conséquent les métamorphoses d'un insecte ne sont qu'apparentes.

M. Bouvier ne vient-il pas de démontrer par ses recherches sur l'évolution des êtres, que malgré les milliers d'années qui nous séparent de l'époque où l'isthme de Panama s'est élevé des eaux, les espèces vivant des deux côtés sont encore bien peu différentes ?

L'ŒUF

Le proverbe latin : *omnes vivum ex ovo*, a-t-il été aussi vrai dès le principe de la vie sur notre planète, qu'il l'est de nos jours ? C'est à étudier.

Pour qu'un œuf produise un être vivant, il faut la coopération des deux éléments mâle et femelle : il faut donc pour produire un œuf fécondé, donnant naissance à un être organisé, vaincre une plus grande somme de difficultés. Il nous semble plus rationnel de croire que la nature aura produit les éléments mâle et femelle, et que l'instinct de la reproduction les aura poussés au mariage, d'où la naissance de l'œuf et la continuité de l'espèce, malgré la disparition lente mais inévitable des forces créatrices de la planète, dont la chaleur initiale allait s'abaissant avec rapidité.

L'inimitable idylle de Daphnis et Chloé, nourris par des chèvres, de Romulus et Remus nourris par une louve, ne sont-elles pas deux traditions aussi intéressantes que la tradition d'Adam et Eve, vivant dans un lieu de délices jusqu'au moment du péché ? Un lieu de délices ! Le paradis terrestre ? Voyez-vous l'homme, fut-il moins jouisseur que Diogène, se contenter pour vivre de ce qu'avait ces deux pauvres mortels ? Pas de pain, pas de vin, pas de feu, pas d'habits, pas d'habitation, entourés d'animaux aussi féroces les uns, que monstrueux les autres, craignant la pluie, le soleil, le vent, le chaud et le froid ? Et avec cela une défense en signe d'épée (que Damoclès modernisera plus tard), suspendue sur leur tête, qui leur promet toutes sortes de maux ?

Enfin ces traditions se corroborent en ce point, que, la première naissance est mâle, la deuxième femelle, et enfin, arrive l'enfant.

Pour la production de l'œuf, il faut donc *a priori* un couple initial, la femelle pour le concevoir, le mâle pour le féconder.

M. de Quatrefages, avec son talent habituel et sa lucidité géniale va nous expliquer scientifiquement ce phénomène.

TRANSFORMATION DE L'ŒUF

« Si l'œuf de la Hermelle n'a pas été fécondé, ses mouvements s'accèlèrent et deviennent de plus en plus irréguliers. L'œuf se décolore d'abord et se décompose ensuite. Ainsi disparaissent aussi sans doute les œufs non fécondés des mammifères. Pas plus en haut qu'en bas de l'échelle animale l'intervention de l'élément mâle n'a pour but de donner ou de réveiller une vie qui existe déjà dans l'œuf et se manifeste par des phénomènes appréciables. Son rôle est seulement de régulariser l'exercice de cette force et d'en assurer aussi là durée. C'est là un fait très important à signaler dès à présent et dont on sentira toute l'importance et la valeur plus tard (1). »

§

En somme, l'homme n'est qu'une combinaison chimique, et si petite, qu'il faut dès le début un instrument puissant et perfectionné pour en distinguer le germe. Tous les corps qui peuplent le Globe ne sont également qu'une combinaison chimique. Le Globe lui-même est-il autre chose ? Il suffit de consulter le premier chimiste venu, et l'on est édifié immédiatement.

Donc, il nous semble que la nature, à une époque qu'il nous est impossible de déterminer, a pu et a dû donner la vie à un être organisé, merveilleusement, c'est vrai, mais enfin qui est tel ; elle avait à sa disposition et la force et la matière pour opérer sans faire des

(1). *Métamorphoses de l'homme et des animaux.*

essais qui, il nous semble aussi, l'auraient diminuée dans sa force et sa majesté créatrices.

Les phénomènes qui produisent le zoosperme ou l'œuf chez les sujets nubiles, prouvent qu'à une certaine époque de jeunesse et de virilité, un corps donne naissance à un corps vivant qui continue la race et l'espèce, et que ces phénomènes cessent dès la vieillesse du sujet.

On a cru fort longtemps que notre planète était unique dans l'espace, il a donc fallu baser la naissance humaine sur cette donnée, qui est aujourd'hui abandonnée et rejetée définitivement par toutes les opinions philosophiques, depuis que Galilée en a donné des preuves faciles à vérifier. D'autres faits aussi obscurs et tout aussi incroyables ont été vérifiés avec le même bonheur. La science, le talent, le génie et la persévérance en éclairciront bien d'autres. Alors, notre époque, qui nous semble merveilleuse, se trouvera n'être qu'une époque barbare, ainsi que nous le paraissent les époques antérieures.

LA VIE. — NAISSANCE DE LA VIE

Qu'est-ce que la vie ?

Bichat l'a définie ainsi : « l'ensemble des fonctions qui résistent à la mort », il aurait pu dire également que c'est une suite de sensations vécues, car tout ce qui vit éprouve des sensations, des impressions tout au moins, qui cessent dès que la *fonction vitale* est anéantie par une cause quelconque.

Mais ceci ne répond pas au problème à résoudre et

que je vais poser, car de lui dépend la tranquillité d'une foule innombrable de consciences :

Qu'est-ce qui produit la vie ?

En un autre terme plus simple. Comment *naît* la vie ? Comment prend-elle corps ?

Il n'est pas douteux que le premier mouvement de la vie est de devenir un corps, le second de s'assurer, grâce à ce corps, une existence qui lui permette de sentir, afin d'*être et d'agir*.

Il est également probable que la vie est *a priori*, le résultat de deux agrégations infinitésimales, de deux parties qui se complètent qui, d'inertes avant, deviennent *vitales* ensuite et produisent ce phénomène vivant qui constitue l'*Être* et le classent temporairement dans une famille où il doit évoluer, croître et mourrir, suivant la loi de la *génération* qui lui a donné cette agrégation initiale à laquelle il est désormais impuissant à se soustraire. Mais, est-ce ce principe de vie, né de cette première association qui produit le premier battement du cœur du fœtus, et le continue jusqu'à sa mort ?

D'où vient l'acte dynamique qui produit ce premier battement ? A quelle époque se produit-il ? Et quand il cesse, quel est le phénomène qui se produit ? Cette force est-elle à jamais détruite ? Change-t-elle seulement de corps ? On dit actuellement que la science a fait faillite, d'autres disent que tout ce que crée l'homme est merveilleux et que la science n'ira pas plus loin. N'y a-t-il pas exagération des deux côtés ?

Peut-on dire que la science est adulte quand nous ignorons ce qu'est l'électricité et quel est le principe qui donne la vie ?

Est-ce un fluide électrique ? Un gaz ? Une étincelle ?

Un contact ou un mélange ? Le produit est-il terrestre ou aérien ? Sec ou humide ?

N'est-ce pas *là* que l'on aurait dû commencer les investigations, avant d'établir un système de naissance, afin d'arriver avec plus d'autorité à créer une doctrine pouvant réunir des probabilités sérieuses ?

On connaît la germination, mais connaît-on seulement l'influence qui agit sur l'aire germinative et lui donne la vie ?

Pourtant ceci ne serait encore que la solution de la moitié du problème.

Parlerons-nous maintenant de la puissance de la vie ? De sa force de résistance ?

Avons-nous besoin de dire que la nature entière réunie à la volonté de tous les hommes, ne viendraient à bout de détruire le *principe* de vie qui est le caractère, la *qualité fonctionnelle* de notre planète ; puisque bien au contraire, de cette destruction même naîtraient d'autres combinaisons qui donneraient à leur tour la vie à d'autres êtres grands et petits, vivants et animés.

Depuis que l'homme existe, il passe plus de la moitié de sa vie à détruire, le globe en est-il moins peuplé ?

Rien ne se perd, rien ne se crée : tout se transforme et se modifie. Telle est la seule et éternelle vérité connue, mais cette vérité n'implique ni infirme aucune présomption en faveur soit de la naissance spontanée, soit de la transmutation ou de la transformation des êtres vivants.

La plus terrible manifestation de la puissance de la vie se trouve dans les infiniments petits.

Microbes, vibrions, bacilles, ptomaïne, etc., etc., qui, enfouis dans le sol et quelquefois à des profondeurs énormes, remis à jour et aérés acquièrent une virulence telle, que la science de l'homme, si orgueilleux pourtant, est impuissante à en arrêter ou à en atténuer les ravages que font le choléra, la peste ou le vomito-negro.

§

L'acceptation définitive ou seulement d'une partie, aussi bien que le rejet sans discussion, pour la solution positive, de la théorie de la sélection naturelle, ont soulevé tant d'objections et de si graves, que MM. Vogt, Romanes, de Quatrefages, etc., etc., ont acquis autant de gloire et montré un égal talent en réfutant et Lamarck, et Darwin, que ceux-ci en avaient déployé pour soutenir leur système. Voilà pourquoi il nous semble utile, indispensable même, d'entrer à ce sujet dans quelques détails qui ne seront pas oiseux. Nous allons le faire dans un chapitre particulier que l'on pourrait intituler *Appendice*, afin que l'on puisse y revenir si le sujet intéresse, ou le passer si le goût ou l'instruction en rendent la lecture inutile pour le lecteur.

Qu'il nous soit donc permis d'ouvrir ici une large parenthèse, qui nous semble nécessaire pour les nombreux collègues, qui, studieux et désireux d'apprendre, ont peu de temps de libre pour le consacrer à l'étude où à la lecture des revues scientifiques dirigées et rédigées par nos illustres savants, faisant partie des cinq Académies qui constituent, réunies, l'*Institut national*.

§

Il était impossible, en faisant l'histoire du *Repas à travers les âges*, surtout sous forme de concours, de s'étendre, comme il convenait, sur la question si grave et si ardue de la naissance de l'homme, et partant, de son premier repas ; aussi nous sommes-nous borné à laisser entrevoir notre opinion, mais notre devoir n'en comporte pas moins de les faire connaître toutes, afin d'éclairer et d'élargir la question qui nous paraît, encore une fois, capitale et digne d'attirer les réflexions sérieuses, si l'on veut juger dans toute son ampleur, du progrès accompli dès le premier repas fait par le premier représentant de notre espèce, jusqu'à nos jours.

Le présent mémoire fut écrit d'un seul jet, sans que l'auteur eut consulté ses forces, rien que sous l'impulsif désir d'être utile par l'exemple qu'il donnait à ses confrères. Mais au fur et à mesure que la plume traçait les réflexions amenées par la situation de l'époque, qu'il fallait traiter et exposer, se dressaient inopinément des difficultés imprévues. La plus grave, fut celle-ci, comment fut fait le premier repas de l'homme ? La question de sa naissance surgissait donc d'elle-même et arrêtait tout travail.

En effet, trois opinions se disputent le droit de se dire vraies :

1° La création divine. (L'homme adulte) ;

2° La création spontanée. (L'homme enfant, abandonné à la nature, de même que les autres espèces animales) ;

3° Le transformisme ou sélection naturelle. (L'homme

animal, ayant des ancêtres différents de lui-même, c'est-
à-dire moins bien doués).

Le plus simple nous parut de passer outre et d'étudier la question dans les grands auteurs. Il y avait à cela
double profit, celui de l'auteur et celui du lecteur; le premier s'instruisait, et le deuxième, après avoir lu les
critiques sévères mais justes, de l'anthropologue le plus
distingué et le plus érudit, le regretté de Quatrefages,
qui ait étudié toutes les doctrines et les ait passé en
revue pour les analyser, le lecteur, dis-je, jugera à sa
manière. Cette promenade à travers ces diverses opinions, soutenues toutes avec un réel talent ne pourra
qu'agrandir le champ de l'imagination et augmentera
le goût pour l'étude si grave et si douce de la philosophie.

CRÉATION DIVINE

Pour admettre la création divine. il faut avoir la foi.
Celui qui a la foi ne discute pas, il accepte.

Si, en faisant du prosélytisme, il voit l'adversaire in-
traitable, il se borne à le laisser dans son erreur, tout
en le plaignant. Il n'aura pas l'idée d'étudier pourquoi
une conviction contraire est aussi inébranlable que la
sienne. C'est le seul tort que nous soyons tenté de lui
attribuer,

§

Le docteur Mivart, après avoir combattu les doctri-
de Darwin expose les siennes. Il distingue la *création
surnaturelle de la création naturelle.*

« La première est le résultat de la volonté toute puissante, qui tire *immédiatement* du néant une chose quelconque. Dans la seconde, Dieu agit par voie de déri-
vation, c'est-à-dire qu'une matière préexistante et créée
par Dieu a reçu le pouvoir d'évoluer sous des formes
diverses, dans des circonstances favorables et sous
l'empire de certaines lois. Ainsi se manifeste l'action naturelle de Dieu dans le monde physique... Pour M. Mivart, les règnes organiques et inorganiques ont cela de
commun, que tous les corps, tous les êtres, depuis les
atômes élémentaires jusqu'aux plantes et les animaux,
ont en eux un *pouvoir interne inné*, lequel entre en
action sous l'influence des *conditions extérieures requises*... C'est grâce à ce *pouvoir*, à cette force, qu'un
cristal prend ses formes régulières et répare ses pertes,
quand il est placé dans une solution de même nature ;
c'est elle qui modèle tous les êtres organisés et dirige
leur développement. Ces derniers doivent leur origine
première à la *génération spontanée*, à une sorte d'*au-
togonie*. Bien que ce phénomène n'ait pu être observé
directement, on peut, dit l'auteur, l'admettre avec con-
fiance. » Ainsi, même avec le pouvoir d'un créateur il faut
recourir à la génération spontanée. Il s'éloigne de tous
les autres transformistes en attribuant l'apparition des
espèces nouvelles à une tendance *innée*, au changement qui se manifeste sous l'empire des conditions ac-
cidentelles favorables et produit des transformations
soudaines, définies et complètes...

§

Les anciens ont admis que la génération spontanée
pourrait donner naissance à des mammifères, mais de

nos jours Burdach est le seul, je crois, qui ait professé des idées de ce genre.

Avec Owen, Lamarck, et on peut dire avec la presque totalité des savants modernes qui ont admis la génération spontanée, M. Mivart n'accorde à celle ci que le pouvoir d'engendrer les derniers et les plus petits organismes... Lamarck, dit-il, par suite de l'extrême multiplicité de ses manifestations devient incroyable ; il est incompatible avec la conception d'un être tout puissant qui voit et prévoit tout. Il est ainsi conduit à admettre qu'une loi naturelle, une cause secondaire a produit la succession et la progression des espèces dans un ordre déterminé, en faisant dériver les plus récentes des plus anciennes. A cette hypothèse, Cuvier oppose l'absence d'intermédiaire entre les termes extrêmes de ces séries supposées.

De ce que l'on a nié l'existence de l'homme quaternaire, est résulté la preuve qu'il a existé.

Il en sera de même pour la naissance spontanée de l'homme dès la plus haute antiquité. On voit déjà le doute fortement compromis, puisque l'on accepte la spontanéité des naissances des derniers et plus petits organismes.

En effet, qu'est le végétal avant sa naissance ?

M. Muller y répond dans sa théorie cellulaire ;

« Les trois tissus, cellulaire, fibreux et vasculaire, forment, par leur réunion, tous les organes d'un végétal, racines, tige, branches, feuilles ou fleurs. »

Par conséquent, en son entier, le végétal a pour point de départ *la cellule*.

Qu'est l'homme dès sa conception ?

De Quatrefages (1) y répond également dans ses métamorphoses avec autant de simplicité et de justesse. Ce qui nous fit supprimer notre opinion personnelle à peu de chose près identique, mais moins bien exprimée.

« Dans les vertébrés sur un point du blastoderme, les éléments organiques — cellules germinatives — s'accumulent et se pressent de manière à former une petite tache d'abord circulaire. Cette tache est l'*aire germinatrice*. C'est le champ où les forces créatrices vont déployer leur énergie, ou mieux ; elle est déjà l'embryon. L'aire grandit rapidement et devient ovale. Une ligne plus claire se dessine le long du grand axe, c'est la ligne primitive indiquant déjà la place qu'occupera la moelle épinière et le cerveau ; ces deux centres nerveux commandent à l'organisme entier. Bientôt des petits points obscurs disposés symétriquement le long de cette ligne attestent que la colonne vertébrale commence aussi à se former. Le type ainsi déterminé, les classes se caractérisent à leur tour. Quelques granulations à peine visibles sous les plus forts grossissements, où même une seule utricule moins épaisse que la pointe d'une aiguille, voilà ce que sont à l'origine, les germes végétaux ou animaux, graines, bourgeons, bulbilles ou œufs. Ainsi commence le chêne comme l'éléphant, la mousse comme le ver, telle est certainement l'apparence de ce qui plus tard sera un homme.

Entre ces points de départ et ces points d'arrivée, on comprend tout ce qu'il doit exister d'intermédiaires, et quel immense champ de recherches s'ouvre ici pour l'observateur.

1 De Quatrefages, l'*Homme*.

En apparence entièrement semblables au début, il faut que toutes les espèces animales et végétales se différencient et acquièrent leur caractères propres. Chacune d'elles présente donc des faits particuliers à découvrir. »

D'après ces faits démontrés scientifiquement, il faudrait que la transformation s'opèrat dans la cellule primitive ; c'est assez difficile à admettre vu le peu de *matérialité* qu'elle possède à sa naissance. C'est pourquoi le transformisme nous paraît une théorie brillante dérivée de la religion Indoue, car Vichnou a aussi subi une sélection et celle-ci date de loin.

On le voit tour à tour poisson, tortue, sanglier, lion, héros vainqueur du serpent (1) qui étreignait la demeure des dieux ; déguisé en Rama, en Boudha, il accomplit les tours de force les plus surprenants... comme plus tard l'Hercule grec.

Quand au transformisme actuel, Hœckel précise très justement la part qui revient à Lamarck et à Darwin dans le mouvement d'idées transformistes modernes, mais il les combat tous les deux avec sa théorie du *monisme*, qui rattache par un entraînement de causes mécaniques tous les phénomènes de la nature, mais moins rationnellement que le transformisme, qui ramène à des causes mécaniques l'origine des espèces.

Auguste Comte a combattu Lamarck et par conséquent Darwin, malgré l'éloquence avec laquelle il a exposé sa brillante théorie. Il est bon de se rappeler que le premier transformiste en date est Lamarck, avec sa théorie de la descendance ou de l'origine naturelle des

(1) Il y a eu du serpent partout.

êtres organisés. Il admet deux formes ancestrales, l'hypothèse monophylétique ou poliphylitique. Cette théorie de la descendance s'appelle la théorie de la transformation ou transformisme de Lamarck, qui l'a le premier établie quoi qu'on en dise en 1809.

La deuxième, la théorie générale de l'évolution ou progénèse qui admet que tout est réductible et perfectible par les forces mécaniques des atomes ; c'est le monisme de Hœckel.

La troisième, la théorie de la sélection de transformation (de même que Lamarck), soutient que toutes les espèces organiques résultent de la sélection (les espèces artificielles, animaux domestiques et plantes cultivées), par la sélection artificielle, les autres, par la sélection naturelle.

Chez les premiers, c'est la volonté de l'homme qui a opéré, pour les secondes, c'est la lutte pour la vie, mais sans aucun plan déterminé.

Dans les deux cas la transformation des formes organiques a eu lieu par l'action réciproque des lois de l'hérédité et de l'adaptation ; et la transformation repose sur la sélection d'une minorité d'êtres mieux doués.

Ce principe, Charles Darwin en a montré toute l'importance en 1859, aussi la théorie de la sélection fondée sur ce principe s'appelle le *Darwinisme*.

Darwin admet comme possible la transformation du singe en homme, et cette transformation a été annoncée vers les temps éocènes par la perte de la fourrure primitive du singe (1).

Wallace s'est montré plus réservé et a porté vers le

(1) Descendance de l'homme, page 215, 1872.

milieu de l'époque tertiaire, le moment ou un singe indéterminé atteignit la forme humaine, à la suite d'évolutions morphologiques multiples...

M. Roujon écrit à M. de Mortillet : « En transformiste convaincu, je n'ai pas attendu la découverte des silex miocènes pour admettre l'existence de l'homme tertiaire, car c'est une conséquence nécessaire du transformisme dans l'état présent de nos connaissances et un corollaire indispensable des idées que je partage, sur les rapports morphologiques des mammifères et sur leur mode de filiation » (1).

M. Roujon fait remonter les diverses espèces d'hommes qu'il regarde comme ayant été distinctes les unes des autres dès les temps quaternaires. Il ne voit aucune raison pour admettre que les hommes tels que nous les connaissons, ne datent pas de l'époque ou auraient été taillés les silex de Thenay, dont il sera question plus loin.

M. de Mortillet professe sur ce point une doctrine fort différente. Lui aussi part des idées de Darwin, mais il cherche à les mettre d'accord avec les faits *révélés* par la paléontologie : « Or, dit-il, depuis le dépôt des marnes à silex taillés de Thenay, la faune mammologique s'est renouvelée au moins trois fois. »

Les différences entre les mammifères des calcaires de la Beauce et les mammifères actuels sont même telles, que non-seulement elles suffisent pour caractériser des espèces distinctes, mais encore qu'elles ont paru assez importantes aux zoologistes pour leur faire créer des genres spéciaux. Comment l'homme, qui a une orga-

(1) Bulletin de la Société d'anthropologie, Paris, 2ᵉ série, tome VIII, page 675.

nisation des plus compliquées, aurait-il échappé à cette loi ?

Nous devons donc conclure « que si, comme tout le fait présumer, les silex de Thenay présentent une trace de taille intentionnelle, ils sont l'œuvre, non pas de l'homme actuel, mais d'une autre espèce, probablement même d'un genre précurseur de l'homme et devant combler un des vides de la série animale. » (1)

Il a cru pouvoir présumer que l'époque tertiaire avait au moins trois de ces *précurseurs* qu'il propose de réunir dans un genre spécial, le genre anthropopithèque. Le plus ancien de ces intermédiaires entre nous et les singes aurait vécu vers le milieu de l'époque tertiaire, sur les bords d'un grand lac d'eau douce, aujourd'hui remplacé par les terrains de la Beauce. C'est lui qui aurait taillé les silex découverts par l'abbé Bourgeois, et en souvenir du savant trop brusquement enlevé à la science, M. de Mortillet l'a appelé *Anthropopitécus Bourgeoisii*.

§

Charles Robin a également combattu le transformisme et le monisme au nom de l'embryogénie et de l'histologie. Il déclare que les êtres vivants évoluent seulement entre la monstruosité et la mort, mais nullement vers la transformation de « *specie en speciem* » et qualifie le transformisme « d'hypothèse dépourvue de preuves ».

D'après M. Vogt, la transformation d'une espèce demande 10,000 ans. Elle est plus rapide d'après

____

(1) De Mortillet. *L'Homme tertiaire*. (*Bulletin d'anthropologie*, 2ᵉ série, tome VIII, p. 674.

Darwin. Mais on n'a jamais trouvé de race intermédiaire, ce qui devrait avoir eu lieu pour pouvoir établir
un jugement définitif. » (1)

§

Huxley a dit, après avoir fait une revision sommaire
des espèces paléontologiques : « On ne saurait concevoir qu'une théorie quelconque impliquant un développement nécessairement progressif puisse se maintenir. »

La sélection a-t-elle produit depuis qu'on la pratique
des types ne ressemblant pas plus à ses père et mère
que l'homme ne ressemble au singe ? Cette théorie de la
transformation continue pouvait-elle être suivie par la
nature si variable dans ses manifestations, surtout dans
celles dépendant des éléments qui font les saisons? (2)

RACES QUATERNAIRES

Nous pouvons donc appliquer à l'homme fossile les
paroles d'un anatomiste bien peu suspect en pareille
matière et dire avec Huxley :

« Aucun être intermédiaire ne comble la brèche qui
sépare l'homme du troglodyte. Nier l'existence de cet
abîme serait aussi blâmable qu'absurde. »

La race de Canstadt est la plus ancienne des races
fossiles. Elle est franchement dolichocéphale et avait
1 mèt. 68 à 1 mèt. 73. Mais tout dans sa nature accuse
une force athlétique. Quoique grossière, elle n'en

(1) De Quatrefages, loco-citato.
(2) Lay-Sernons, p. 193.

façonnait pas moins des andouillers de cerfs, des mâchoires d'ours. Elle portait des colliers et des bracelets. Ainsi le goût de la parure existait déjà de la même façon que pour les sauvages actuels. Il ressemblait aux Boschimans et aux Australiens modernes. Il menait une vie errante et était chasseur : probablement il s'abritait sous les cavernes, sans habitation fixe et sans endroit pour enterrer ses morts. (1)

§

Il est, je crois, admis aujourd'hui par tous les anthropologistes sérieux, que les races quaternaires ont joué un rôle considérable dans la formation d'un très grand nombre de populations actuelles... Dolichocéphale ou brachycéphale, petit ou grand, l'homme quaternaire est toujours homme dans toute l'acception entière du mot.

Toutes les fois que les ossements recueillis ont permis d'en juger, on a retrouvé chez lui le pied, la main, propres à notre espèce ; on a constaté cette double courbure de l'épine dorsale tellement caractéristique, que Serres en faisait l'attribut de son *règne humain*.

Toujours chez lui comme chez nous, le crâne l'emporte en développement sur la face. Dans le crâne de Néanderthal, si souvent proclamé comme *bestial*, la capacité crânienne est encore plus du double de ce que l'on a jamais trouvé chez le plus grand gorille : 1220 cent. cubes contre 550 cent. (2)

(1) *Hommes fossiles*. De Quatrefages.
(2) Huxley. *De la place de l'homme dans la nature*.

ANTHROPOPITHÉCUS

« A vouloir tirer des faits anatomiques, des conclusions peut être prématurées, on serait conduit à penser que ces races à encéphales largement développées sont originairement douées de qualités intellectuelles élevées, mais qui restent latentes, par suite des conditions d'existence qu'impose un état social peu avancé, et ce serait au genre de vie résultant de ces mêmes conditions, qu'on pourrait attribuer les caractères d'infériorité. On rendrait ainsi compte du contraste que nous venons de signaler... Les brachycéphales étaient laids, c'étaient les barbares, nègres, lapons, etc., etc., tandis que les dolichocéphales étaient beaux, c'étaient les Scandinaves, les Grecs, etc., etc. (1)

« Je ne suis nullement darwiniste, et j'ai dit ailleurs les motifs tout scientifiques qui m'ont éloigné d'une théorie due à un homme éminent à tant de titres. Mais avant de me prononcer sur elle, je l'avais sérieusement étudiée, j'avais cherché à me rendre compte de ses principes et de ses conséquences. Voilà pourquoi je me suis cru autorisé à protester *au nom du Darwinisme lui même*, contre une hypothèse présentée à tort, selon moi, comme découlant de cette théorie. Je veux parler de celle qui fait descendre l'homme des singes anthropomorphes ! (2)

Serres est encore plus formel : « L'homme est un animal *marcheur* et sur ses membres de derrière, et les singes sont des animaux *grimpeurs*. Dans ces deux

(1) *Crânia Etnicha*. MM. de Quatrefages et Ernest Hamy.
(2) De Quatrefages.

groupes tout l'appareil locomoteur porte l'empreinte de ces destinations fort différentes, les deux types sont parfaitement distincts. »

Les travaux si remarquables de Duvernoy sur le gorille, de MM. Gratiolet et Alix sur le chimpanzé, ont confirmé pleinement pour les singes anthropomorphes ce résultat très important, à quelque point de vue que l'on se place; mais ce qui a plus de valeur encore, pour qui veut appliquer *logiquement* la doctrine de Darwin. Ces recherches modernes démontrent, en effet, que le type singe en se perfectionnant, ne perd en rien son caractère fondamental et reste toujours parfaitement distinct du type humain. Celui-ci ne peut donc dériver de celui-là...

En présence des faits apportés par M. Vogt, et grâce à la double autorité qui s'attache à son double témoignage en pareille matière, il est à espérer qu'on renoncera à voir dans un singe quelconque un ancêtre de l'homme. Je ne crains pas de répéter que cette idée insoutenable scientifiquement l'est surtout quand on se place au point de vue du darwinisme. (1)

LES TRANSFORMISTES

§

Beaucoup de transformistes acceptent pour une raison ou autre, la naissance spontanée ; ainsi, M. Vogt n'admet pas absolument la naissance spontanée et pourtant il croit à la multiplicité des souches primitives. Il

(1) De Quatrefages. *Académie des Sciences, 1867,* p. 1228.

dit : « La formation d'êtres organiques aux dépens d'une matière primitive est encore aujourd'hui en dehors du domaine de l'observation et de l'expérience. » Lamarck est un peu plus explicite quand il dit : « Dans le cours de l'évolution géologique par des actes de génération spontanée, il est vraisemblable que la monère soit née. Cette hypothèse est indispensable à l'enchaînement tout entier de la création... si on la rejette, pour ce seul point de la théorie évolutive, il faut avoir recours à la théorie de la création surnaturelle. » Nous verrons C. Vogt faire la même objection.

Burdach déclare ne pouvoir comprendre le peuplement de notre planète, qu'en admettant la génération spontanée. « La terre, dit-il, a possédé des forces différentes aux diverses époques de son existence, elle a dépassé maintenant l'âge de la jeunesse ou la vie débordait, pour ainsi dire, en elle de toutes parts, et ou sa force plastique s'épendait en une infinie diversité de produits. Nous et nos pères la voyons depuis des milliers d'années dans un âge de vieillesse, et de ce qu'elle n'a plus la faculté d'engendrer des hommes, nous ne devons pas conclure qu'elle ne l'a jamais possédée. »

De Quatrefages penche pour la théorie de Burdach.

Owen dit : « L'espèce est un groupe d'individus descendus de parents communs ou de parents qui leur ressemblent aussi complètement qu'ils se ressemblent entr'eux Plus loin il se ravise et Owen comprend ce que l'origine des espèces présente d'inconnu. Mais il sait bien que sa conception est une pure hypothèse, et il dit : « Je pense qu'une tendance innée à dévier du type parent, agissant à des intervalles de temps équivalents, est la nature la plus probable, où le procédé de la loi secondaire qui a fait dévier les espèces les une des autres. »

M. Mivart est plus net. Il admet que les espèces nouvelles se produisent subitement et par des modifications paraissant toutes à la fois, en vertu d'une force ou tendance internes. »

On sait que Naudin a professé deux doctrines fort différentes au sujet de l'origine des espèces.

Par la première, il s'est montré un des plus sérieux précurseurs de Darwin. Sans employer les mots « sélection naturelle » il admet ce procédé.

Plus tard il a adopté une conception fort différente, fondée sur les phénomènes de la métamorphose et de la génération alternante. (*Journal des Savants* avril 1877).

N'acceptant pas le développement ontogénétique, il est, au contraire, pour la multiplicité des souches primitives. De Quatrefages dit, en parlant de MM. Vogt et Romanes : « Le rôle de la nature est de pousser, après avoir créé, à la stabilité et, par suite, à l'uniformité de la race. Lorsque deux hommes de science, professant des doctrines générales fort différentes, arrivent chacun de leur côté, sur un point spécial, à des conclusions identiques, il est difficile de ne pas regarder ces conclusions comme étant l'expression de la vérité. Mais que l'on compare ou que l'on rapproche, quand on lit sans parti-pris les écrits transformistes, toutes ces conceptions qui se heurtent et se réfutent mutuellement, il faudra bien se résigner à avouer que nous ne savons rien de ce qui a déterminé la première apparition des êtres organisés, leur succession dans le temps et leur merveilleuse multiplication dans l'espace. » Il ajoute ensuite : « Le problème de l'origine des espèces est toujours, à mes yeux, au-dessus de notre savoir actuel. Je proteste contre le mot évolution appliqué à la transmutation d'un infusoire, qui serait capable de transformer progressivement un infusoire en un éléphant, ou un singe en homme. Ici, dit-il, il ne s'agit plus d'évolution, mais bien d'une véritable transmutation (1). L'absence dans les couches du globe de séries d'êtres à formes graduées, rattachant une espèce parente à quelque espèce dérivée, a également frappé De Quatrefages. « De toutes ces discussions scientifiques, il ressort que même les transformistes ne peuvent avoir la certitude ni la foi, que leur doctrine est exacte. »

Les anthropologistes modernes sont plus près d'affirmer leur croyance à la naissance spontanée.

De Quatrefages ne l'affirme pas, mais à la façon dont il discute le transformisme, les arguments si solides et si judicieux avec lesquels il essaye de le démolir pièce à pièce, sa conviction, malgré sa réserve scientifique, nous paraît être qu'il acceptait l'hypothèse de la naissance spontanée, et nous sommes de cet avis.

Cabanis, dans ses Mémoires, donne une raison qui mérite de figurer ici : « La faculté de l'imitation se trouve chez le singe au suprême degré, et, *lorsqu'elle passe certaines limites,* elle rend inapplicable de réfléchir et même de former une volonté. » (2)

Comment l'auraient-ils transmise à l'homme ?

On peut ajouter que la ressemblance physique est tout aussi différente que la ressemblance morale : que si l'homme a peur et veut fuir, il ne s'aidera que des jambes, tandis que le singe s'aidera de ses quatre mem-

(1) *Journal des Savants*, avril 1891.
(2) *Du physique et du moral de l'homme,* vol. I, p. 195-196.

bres. Que le singe affecte la posture accroupie, qu'il se couche de préférence sur le ventre, tandis que l'homme aime fixer droit devant lui et que la position sur le ventre, même enfant, lui est antipathique : l'homme prévoit et se prépare l'avenir, le singe ne s'occupe guère que des besoins immédiats. Il détruit même très souvent ce qui lui serait utile pour le lendemain. Que si l'on est parvenu, à force de soins et de patience, à apprendre à compter à Sally (1) jusqu'à vingt, il y a loin de ce nombre à ceux qu'a dû aligner un Leverrier ou tout autre astronome ; encore plus à l'invention des chiffres eux-mêmes.

On argue que c'est le seul animal qui possède l'os lingual et les mêmes formes que l'homme (nous avons vu ses différences de capacité crânienne). Peut-il imiter notre langage ? Le perroquet, qui lui est inférieur, arrive pourtant à nous surprendre au point de lui répondre, le prenant pour un homme.

On dit le singe affectueux : a-t-il poussé jamais l'affection pour son maître aussi loin que le chien ? que le cheval ? Un savant anglais a voulu dernièrement prouver notre descendance du singe, en disant que nos nouveaux-nés étaient très forts des mains et des bras, de même que le singe. Ceci prouve que nos bras, de même que les pattes des oiseaux, sont destinés à nous aider à lutter plus que les autres membres, et pour notre existence, et contre les éléments qui la détruiraient si le corps restait passif.

Essayez d'apprendre à un singe de faire du feu, vous verrez s'il tentera une deuxième fois l'épreuve, tandis

(1) Mort à Londres en 1894.

que si vous laissez les moyens d'en faire, dans un endroit qu'un enfant peut atteindre, vous aurez beau le lui défendre, il arrivera ce qui arrive malheureusement trop souvent, que le petit imprudent se fera griller en battant des mains, dès qu'il verra une jolie flamme s'élever.

N'y a-t-il pas un autre contraste frappant entre la principale faculté du singe, qui est l'imitation, et celle si contraire et si générale chez l'homme, de se faire imiter ? Combien d'hommes, possédant l'apostolat au suprême degré, ont-ils sacrifié leur temps, leur talent, leur fortune et même leur vie, pour faire partager leur conviction ? A quels tourments n'a-t-on pas soumis des hommes pour leur faire abdiquer leur croyance religieuse ou politique, et cela a t-il empêché l'*Idée morale* de conquérir le monde ? Les fauves des romains, l'inquisition et ses autodafés, l'exil et les fers politiques ont été impuissants à vaincre cette faculté de l'homme *de se faire imiter et de faire des prosélytes.*

Les races d'une même espèce pour tant qu'elles diffèrent par les caractères tirés de l'anatomie, de la physiologie, des instincts, etc., etc., sont toujours attachés étroitement les uns aux autres par la faculté qu'elles ont de mêler leur sang à tous les degrés, sans que la fécondité en souffre.

Les espèces, au contraire, sont isolées par une barrière physiologique que l'industrie humaine peut forcer momentanément, mais qui se relève bientôt et maintient leur isolement.

Là même, est l'explication de l'ordre constant que l'on voit régner dans toutes les flores et les faunes depuis les anciens temps géologiques jusqu'à nos jours.

et dont l'existence aurait été évidemment impossible, si les espèces avaient pu, ne fut-ce que de temps à autre, se croiser comme les races.

M. Romanes conclut que la théorie de la sélection naturelle est incapable d'expliquer l'origine de ces espèces, au même degré qu'est improbable la réalisation du fait dont il s'agit.

« Cette objection, dit-il ensuite, est la seule à sa connaissance, à laquelle Darwin n'ait pas expressément répondu. (Du reste Darwin dit qu'il ne pouvait répondre à bien d'autres objections.)

Par suite, continue M. Romanes, des considérations précédentes, il me paraît évident que la théorie de la sélection naturelle a été mal nommée. A parler franchement ce n'est pas une théorie de l'origine, ou mieux du développement progressif des adaptations, qu'elles soient morphologiques, physiologiques ou psycologiques : ces deux choses sont fort loin d'être identiques, car, d'une part, dans un nombre de cas énormément prépondérants, les caractères d'adaptation sont inconnues à un grand nombre d'espèces, et d'autre part, les caractères qui distinguent les espèces les unes des autres, n'ont généralement rien qui serve à l'adaptation. Considérant..., etc., etc., la sélection naturelle n'est pas une théorie de l'origine des espèces, c'est une théorie de la genèse des modifications adaptatives.

§

De Quatrefages doute qu'il se soit produit *une seule fois* le phénomène de la naissance spontanée. Il est plus dûr encore de croire que le phénomène de la transformation du singe en homme se soit également arrêtée aux premiers produits, et que l'espèce initiale de cette belle transformation soit allée depuis en décadence, tandis que l'homme acquiert des facultés nouvelles après chaque génération (1).

§

M. Gaudry, que ses travaux ont placé au premier rang parmi les anthropologistes, dit que : « La paléontologie marche d'accord avec l'embryogénie, quand elle croit découvrir que dans les temps géologiques, il n'y a pas eu un seul enchaînement, mais plnsieurs enchaînements d'êtres, dont le développement s'est poursuivi d'une manière indépendante. D'abord les trois races de singes sont aussi loin l'une de l'autre, que l'homme des singes, et font trois familles distinctes : les gibbons, les cynocéphales et les macaques. »

M. Virchow, dit : « Le plan de l'organisation est immuable dans l'espèce. L'espèce ne se détache pas de l'espèce. »

De Quatrefages est plus énergique encore à ce sujet : « Il existe entre les races un abîme qu'aucune influence physique, ni morale ne saurait combler. La barrière entre l'Australien et l'Européen est infranchissable, et pour l'un comme pour l'autre. » M. Vogt : « Les ancêtres chevalins vivant dans le continent américain à l'époque miocène. n'ont en aucune façon de ressemblance avec leurs congénères d'Europe, vivant aux mêmes époques. L'anatomie le prouve d'une manière absolue. Il y a eu, donc, deux naissances chevalines

(1) De Quatrefages. Les gibbons, les cynocéphales et les macaques.

sur notre globe. Les ancêtres chevalins existant d'un côté de l'Océan, n'ont pas engendré les descendants vivant sur l'autre rive .. »

M. Romanes, après avoir reproché à la sélection naturelle de méconnaître la différence existant entre les variétés domestiques (races) au point de vue de la fertilité à la suite des croisements, appelle *métis* les produits du croisement des races, et *hybrides* le produit du croisement des espèces. Il a mieux compris que Darwin, son maître, la généralité et l'importance de l'infécondité des hybridations ; il y voit le caractère capital, fondamental, qui sépare les espèces.

Mais comment apparaît ce caractère ? Comment se dresse subitement entre des groupes issus d'ancêtres communs, la barrière physiologique qui va les séparer ? Là est le grand problème devant lequel Darwin avait reculé ; et lui n'apporte aucune donnée nouvelle pouvant servir à le résoudre, car, en réalité, il se borne à admettre que la difficulté disparaît d'elle même, et il ne montre nullement qu'il en soit ainsi.

Darwin fait de ce phénomène le dernier terme des changements imprimés à l'organisme par la sélection naturelle. M. Romanes, au contraire, le suppose antérieur à ces modifications. Par cela même, il met plus clairement à nu notre ignorance réelle.

M. Romanes reproche, en outre, à la théorie de la sélection : 1° De méconnaître la différence existant entre les espèces naturelles et les variétés (races) (1)

---

(1) La race est l'ensemble des individus semblables appartenant à une même espèce, ayant reçu et transmettant par voie de génération les caractères d'une variété primitive. (*Journal des Savants,* avril 1889.)

domestiques ; 2° qu'une variété commençante doit nécessairement disparaître par suite du libre croisement des individus chez qui elle est apparue, avec ceux qui ne la présentent pas. Une variété commençante ne saurait être utile et, par conséquent, elle ne peut donner suite à la sélection ; 3° enfin, il ajoute : J'oppose à cette théorie le fait même que, sans tenir compte de la stérilité des croisements entre espèces voisines, les caractères qui servent à distinguer les unes des autres sont très fréquemment, sinon habituellement, insignifiants au point de vue de l'utilité.

A cette puissance de volonté qui dès l'époque quaternaire et dès les premières traces laissées par l'homme sont inhérentes à sa nature, en font un être supérieur, moral, reconnaissant, attaché inébranlablement aux siens jusqu'àprès leur mort (ce que prouvent irréfutablement les ossements d'enfants trouvés dans des crânes adultes dans les cavernes des bords du Lunain), peut-on opposer que les singes ont laissé à une époque quelconque des traces de leur vie sociale, familiale ou individuelle ? Et que d'autres réflexions on pourrait soulever.

Par sa constitution, le fini et la multiplicité des organes, par la position qu'ils occupent et leur relation directe dans le corps humain, l'homme possède au suprême degré les moyens de lutter contre la nature. Transportez-le à 40° au-dessous de 0 ou à 50° au-dessus, s'il trouve des moyens de se nourrir et que la nourriture ne soit même pas exclusivement destinée à telle zone plutôt qu'à telle autre son organisation résistera. Peut-on en dire autant du gorille qui ressemble le mieux à l'homme ? Partout où un mammifère peut vivre et de quelque nature qu'il soit, il semble que l'homme peut y passer ses jours.

avec moins de danger que l'animal des différentes zones extrêmes, quand il se trouve transporté à son antipode, où il ne tarde pas à succomber. Il a donc pu naître en même temps que les mammifères supérieurs de l'époque secondaire, de Quatrefages dit même que « l'homme secondaire n'aurait rien de contraire aux données de la science. A plus forte raison en est-il de même pour l'homme tertiaire ».

P. S. — Ceci fut écrit en décembre 1891. L'étude du singe a depuis intéressé les savants et notamment le professeur Garner qui s'y consacre exclusivement. Nous croyons devoir reproduire son étude qui démolit bien des légendes.

(Le Moniteur des Syndicats Ouvriers du 28 Janvier au 11 Février 1894) :

LE LANGAGE DES SINGES

On n'a pas oublié cet Américain, le professeur Garner, qui prétendit, il y a quelque temps, avoir découvert le langage des singes, et qui, pour se perfectionner dans cette étude d'un nouveau genre, partit pour le Gabon, afin d'échanger avec d'authentiques gorilles et des chimpanzés à l'état de nature quelques conversations qui convaincraient les plus sceptiques.

Le *Wesminster Budget* de cette semaine publie une lettre du vaillant philologue, la première qu'il lui adresse, paraît-il, de son centre d'observations. Ce dernier est établi un peu au sud de l'Ogôoué, dans un pays qui porte sur les cartes le nom de Ternao-Vaz, en indigène, Éliooué N'Kami, entre le lac de ce nom et la Rivière

Rembo. C'est là, dans une forêt vierge, à plus de deux kilomètres de toute habitation, et au milieu d'un bouquet de bananiers, qu'il a installé la fameuse cage dont il a été tant question. Il l'a appelé « Fort Gorilla ». Malheureusement, il donne peu de détails sur son installation et sur la vie qu'il mène. Il ne semble pas, d'autre part, que ses recherches linguistiques aient été jusqu'ici couronnées d'un grand succès. Le professeur Garner affirme bien que les gorilles parlent ; seulement voilà, le diable est précisément de comprendre leur langage ; il ne désespère pas cependant d'y arriver. On sait qu'il est parti avec des instruments, sifflets, flûtes spéciales, etc., qui imitent certains cris qu'il avait déjà observés chez les gorilles. Le *Westminter Budget* en donne des dessins.

Nous en comptons jusqu'à neuf, dont quatre reproduisent un cri pour la nourriture, le cinquième un cri d'amour ; un autre, un cri de bienvenue ; un septième, un cri d'alarme, et les deux autres des sons non encore identifiés. Nous ne savons pas si c'est là toute la gamme dont dispose le professeur. Mais il est temps de lui laisser la parole : on estimera sans doute que son récit est curieux à plus d'un titre, et que le moins curieux n'est pas l'état d'esprit qu'il révèle chez son auteur. En tout cas, *si non e vero...*

« ... Le P. Buléon, le supérieur de la mission Sainte-Anne, me dit qu'il a vu une ou deux fois une famille de gorilles mangeant dans un bouquet de bananiers, et que, dans ces occasions, le père gorille s'asseyait tranquillement pour manger le fruit que les autres allaient cueillir pour lui. J'ai appris, d'autres sources sûres, que les gorilles se rencontrent souvent par familles ou groupes de douze à quinze et qu'ils ont toujours une sorte de chef que les indigènes appellent Ekombo-N'jina, ce qui veut dire roi des gorilles.

» D'après une croyance courante, ces groupes se composent d'un mâle, d'un certain nombre de femelles et de leurs petits. Le gorille est évidemment polygame, mais, quand il a pris femme, il la garde pendant des années et une certaine fidélité conjugale est observée. Il en va de même pour les indigènes, avec une exception en faveur des gorilles, et qui consiste en ce que je n'ai jamais entendu dire que ces derniers vendent leurs femmes, tandis que les indigènes le font couramment.

» Dans la mesure où l'on peut dire que les gorilles ont une forme de gouvernement, cette forme est patriarcale, et il y a des raisons pour croire qu'ils ont une certaine idée de l'ordre et de la justice. Plusieurs indigènes déclarent qu'ils ont vu des gorilles tenant un « palabre », qui est toujours présidé par un roi, et auquel les autres assistent debout ou assis en demi-cercle, en parlant d'une façon animée. Ces indigènes ne prétendent pas interpréter ce qui se dit dans les palabres ni la nature de la querelle. mais ils croient à une langue que les gorilles parlent entre eux.

« ... Quelques jours après, un jeune gorille arriva jusqu'à 5 ou 6 mètres de ma cage et me dévisagea à loisir. Il resta là quelques secondes, se tenant à un buisson d'une main, lèvres desserrées, et la bouche à moitié ouverte comme quelqu'un qui est surpris et embarrassé de ce qu'il voit. Sa figure ne trahissait ni crainte, ni colère, mais un complet ébahissement. Je l'entendis se glisser à travers le buisson avant de le voir. et je ne crois pas qu'il se rendit compte de ma présence avant d'être tout près. Pendant cette courte visite, je restai aussi tranquille qu'une statue, et je crois qu'il se demandait si j'étais en vie ou non; mais, quand il rentra dans le fourré, il ne perdit pas de temps pour détaler. Il ne prononça aucun cri, sauf un *umph !* comprimé. Deux ou trois jours après, j'entendis un couple dans les bananiers, mais je ne pus les apercevoir que très vaguement. Ils parlaient, mais peu, et je ne crois pas qu'ils cueillissent aucun fruit.

« Au moment où j'écris, j'en entends un qui casse une branche à quelques mètres de moi. Je ne puis entendre qu'une voix, mais, comme ils parlent peu quand ils sont seuls, je suppose qu'il y en a d'autres à proximité. La voix de celui-ci est sourde; c'est une sorte de murmure qui semble exprimer la satisfaction, mais je ne puis encore le traduire en anglais; avec du temps et de la patience j'y arriverai pourtant, et à bien d'autres choses.

« C'est un fait digne de remarque que quelques uns des cris poussés par les gorilles et les chimpanzés sont identiques à certains sons du langage des indigènes. Un mot du N'Kami qui veut dire *oui* ou exprime l'assentiment, se retrouve dans les cris du chimpanzé, mais il est en dehors de tout système connu de symboles phonétiques. Il est de même du mot qui exprime le nombre *cinq* dans le dialecte kroo. »

M. Garner nous raconte ensuite longuement la visite qu'il reçut d'une énorme gorille femelle qu'il épargna, malgré son désir d'en faire un beau coup de fusil, sans que cette générosité lui ait permis de recueillir aucun détail intéressant.

« Comme je levai mon fusil sur elle, écrit-il, elle s'arrêta, s'assit par terre un instant et me lança un tel regard de mépris que je sentis presque que j'avais tort de la menacer. Elle se détourna ensuite avec une certaine inquiétude, et rebroussa chemin, mais en se pressant modérément, sans courir et sans trahir beaucoup de frayeur. Il y avait sans doute d'autres gorilles dans les environs, car les indigènes disent qu'il est extrêmement rare de rencontrer une femelle et son petit seuls; celle-ci, cependant, l'était tout à fait, autant que je pus en juger. C'était peut-être une veuve, et, dans ce cas, elle avait de belles chances de le demeurer longtemps, si la beauté est recherchée parmi les siens; c'était certainement la créature la plus hideuse qu'il m'ait été donné de voir.

« On m'a dit que le gorille bâtit une sorte de cabane grossière ou d'abri dont il fait sa maison, mais jusqu'à présent je n'ai trouvé aucune trace d'habitation élevée par lui et aucun indigène n'a pu m'en indiquer. Je ne crois pas qu'il ait la moindre idée de ce que c'est qu'une habitation fixe.

« Il est naturellement nomade et je ne pense pas qu'un seul passe deux nuits de suite dans le même endroit. Pendant le jour, les gorilles errent d'un endroit à l'autre en quête de leur nourriture, et là où la nuit les surprend, ils restent jusqu'au lendemain matin. Ils ne sont pas noctambules, et les histoires de leurs hurlements et de leurs conversations, la nuit, ne sont pas bien fondées. Au petit jour, seulement, ils font connaître leur présence...

« Un matin, vers cinq heures, je fus réveillé en sursaut par un hurlement épouvantable, à 3 mètres à peine de ma cage. Ce n'était pas seulement un grand cri, mais une longue série de sons, différent de ton et d'éclat, répétés, à l'intervalle d'une minute, de dix à douze fois, et qui me paraissent identiques à chaque fois... J'interprétai ces sons dans le sens que c'était le roi gorille qui réveillait sa famille dispersée dans les différents arbres pour la nuit. Le cri ne me parut exprimer aucune idée de crainte, colère ou joie, mais de travail (*business*), et j'incline à penser que le chef rassemble ainsi toute sa troupe quand il est temps de se mettre en marche. »

M. Garner n'ajoute pas foi aux histoires classiques qu'on raconte des gorilles : qu'ils boivent le sang de l'homme qu'ils ont assommé, et qu'ils peuvent broyer le canon d'un fusil entre leurs dents. Tous les indigènes répètent ces histoires sans aucune variation dans le texte. M. Garner prétend voir dans cette uniformité de version la preuve d'une pure légende, et d'une légende qui, dit-il, « sent fortement son homme blanc comme auteur ». Légendes aussi, d'après lui, les histoires d'enlèvements de femmes et d'enfants ; la seule chose vraie, ce sont les instincts sauvages et la grande force physique du gorille.

Il termine sa lettre par les détails suivants sur la musique et la danse des chimpanzés :

« Tous les indigènes de cette partie de l'Afrique se servent d'un tambour quelconque pour leurs danses, qui sont fréquentes. Les N'Kami appellent leur tambour *n'gama* et leur danse *kanjo*. Les chimpanzés ont des fêtes et une musique semblables. Ils se rassemblent en grand nombre et frappent sur leur étrange tamtam, que les indigènes nomment *n'gama n'tyigo*. L'exécutant fait entendre un bourdonnement particulier pendant qu'il frappe sur son instrument. Tous les autres alors se livrent à des mouvements désordonnés qui ressemblent à une danse et que les indigènes appellent *kanjo n'tyigo* — (n'tyigo, c'est le chimpanzé). — Quand la musique cesse un instant, toute la bande fait entendre un grand cri sauvage. Après un court intervalle, la danse reprend, et cette cérémonie dure souvent deux et trois heures... »

§

Maintenant il faut se demander si tous les hommes si différents de taille, de traits, de couleurs, sont nés de la même souche ou de plusieurs ; dans un seul hémisphère, ou dans les deux. Si l'homme a toujours été l'homme que nous voyons, où s'il ne l'est devenu qu'après de longues transformations imposées par les différents climats.

Au temps ou Lamarck a commencé d'établir la théorie du transformisme, la science anthropologique était-elle assez avancée pour pouvoir se faire, même avec un talent spécial et peu commun, une opinion scientifique assez sérieuse ? Quand cinquante ans plus tard Darwin, reprit cette théorie, se l'assimila au point de la faire sienne à force d'originalité ; l'était-elle assez également pour que l'on puisse affirmer que la sélection est la loi probable, certaine, qui a fait la race humaine ce qu'elle est actuellement ?

La persistance des savants anthropologues modernes à chercher des preuves positives des faits combattant cette doctrine, fait déjà espérer qu'elle est mal fondée. Dans tous les cas et dores et déjà, c'est nier « le créateur ».

Tous les jours des preuves négatives surgissent. et cela jusque dans le camp ultramontain, montrent la difficulté de se soumettre aux livres de l'Ecriture sainte, même de ceux qui d'après le concile de Trente, ont Dieu pour auteur.

Combien d'autres qui ont toujours passé comme l'Arche Sainte des prophètes, sont aujourd'hui discutés et même reniés historiquement.

C'est que le doute envahit et fait craquer bien des légendes en les soumettant à l'analyse de la raison qui s'agrandit, à mesure que la science augmente ses conquêtes.

A ce sujet il est bon de parler du nouveau livre de M. A. Samson, traitant de « l'hérédité normale et pathologique ». Quelques extraits vont nous prouver combien la science anthropologique captive, et les pas qu'elle fait.

« L'hérédité biologique, dit M. A. Samson dans sa première partie, est la transmission des ascendants aux descendants par voie de génération sexuelle des propriétés ou qualités naturelles ou acquises. Dans la multiplication par scission des êtres monocellulaires, employer le mot d'hérédité serait tout à fait fausse. Il faut remarquer aussi comme chaque être a son individualité propre, qu'en dehors des lois de l'hérédité, le développement du nouvel être est toujours plus ou moins influencé par les conditions de sa nutrition embryonnaire et que c'est là la source d'une partie des variétés que l'on constate... » Il y a plusieurs sortes de puissances héréditaires : 1° Hérédité individuelle ; 2° de famille ou consanguine ; 3° l'hérédité de race ou atavisme. *Dans tous les cas de reproduction, deux au moins de ces trois modes de l'hérédité, la puissance individuelle et l'atavisme, entrent nécessairement en lutte; c'est habituellement l'atavisme qui l'emporte.* Plus loin, il les réfute toutes, surtout celle de Weissman, par l'existence de la transmissibilité des caractères acquis...

« Niée par les uns, exagérée par les autres, la transmission des caractères propres à l'individu, nécessairement acquis, est un fait. Cette individualité est naturelle comme l'espèce... L'une est aussi irréductible que l'autre. Presque toutes les *malformations congénitales ou tératologiques jouissent de la puissance héréditaire.*

« L'hérédité de famille se consolide par la répétition jusqu'à devenir infaillible... L'hérédité de race est exagérée par les transformistes... L'atavisme fait que dans la race véritable, *chaque individu est une épreuve tirée une fois de plus d'une page stéréotypée une fois pour toutes...*

« De Quatrefages confond la race avec la variété. La race n'est qu'une extension de la notion de famille ; elle comprend toutes les familles issues d'un couple primitif dont l'origine nous est inconnue ; chaque race est d'une espèce particulière.

« Dans chaque genre naturel, il y a des espèces actuelles pareilles à celles du passé et le seront dans l'avenir.

« Chacune des trois catégories de collectivité, race, variété, famille, a son atavisme propre correspondant à son ancienneté.

« Le plus puissant de tous, celui sur lequel l'hérédité n'a jamais pu prévaloir est par conséquent l'atavisme de la race ; puis celui de la variété, puis celui de la famille.

« *Les prétendues races que l'on a pu créer n'existent pas.* »

Samson se prononce nettement contre certains faits prétendus invoqués par le transformisme, et par suite contre le transformisme lui-même. « Les espèces sont immuables aussi loin que l'on remonte dans le temps, même jusqu'aux époques géologiques qui ont précédé l'époque actuelle...

« L'espèce est une catégorie naturelle dont les caractères sont restés fixes, grâce à l'action infaillible de l'hérédité de la race. »

Cette appréciation est formulée avec autant de netteté que de conviction et corrobore une fois de plus nos réflexions personnelles faites en 1890, comme on l'a vu par la date où le concours fut proposé par l'Académie de cuisine. Enfin et pour finir, disons un dernier mot pour conclure au sujet du transformisme :

Nous avons vu les criminalistes hésiter à condamner de grands criminels lorsque dans leur ascendance il y a eu des cas douteux d'aliénation, de névroses ou un simple détraquement pathologique ; arguant que les goûts, les tics, même les formes anormales se transmettent avec une régularité désespérante.

Envisageons-le sous une autre forme : Est-ce que la perfection tant vantée, obtenue dans la race chevaline depuis 50 ans, a fait autre chose que de redonner aux chevaux de prix, les qualités de forme, de vitesse et d'élégance primitives, que le travail imposé par l'homme leur avait fait perdre ?

Les animaux de boucherie, à part leur graisse en plus et des os plus grêles, ont-ils par la sélection,

4

imposée avec tant de soins et de peines par les éleveurs, changé leur forme ?

Comparez l'homme le plus *poncif* avec un singe *civilisé*, sans arrière pensée, avec le seul désir de voir pour se rendre un compte *exact* de la différence existant entre les deux espèces ; armez-vous du scapel du physiologue, ou de la patiente analyse du philosophe dégagé de toute croyance mystique, et si vous y trouvez une ressemblance ou physique ou morale, je change d'avis. A-t-on jamais pu donner à un singe les qualités qu'acquiert l'homme le plus sauvage quand il ne les possède à l'état de nature et souvent à un degré rare, qui sont : La prévoyance, le dévouement, et surtout la coquetterie que nous avons pu remarquer dans les traces laissées par les troglodytes de Cro-Magnon et des Alpes-Maritimes dont nous parlons plus loin ?

Dans la faune comme dans la flore, la nature nous a conservé les familles primitives dans toute leur simplicité et pourtant en Australie, on voit des arbres, tel l'eucalyptus s'élevant à 150 mètres de hauteur. En Californie le séquïa géant ne s'élevant qu'à 130 mètres, possède en revanche des branches aussi grosses que nos plus gros spécimens en grume. A-t-on jamais parlé pour la botanique de sélection ? Et pourtant si elle paraît facile quelque part, ce serait dans ce domaine. On obtient des variétés de couleurs, mais c'est tout.

CIVILISATION INITIALE

Quelle époque glorieuse a présenté les premières traces de civilisation ?

Quelle race en a été l'initiatrice ?

I

Les ténèbres entourant le berceau de l'humanité commencent à se dissiper dès l'époque quaternaire. On sait qu'antérieurement l'homme a vécu une vie primitive, puisque une hutte en bois, avec fondations de pierre et un foyer contenant des charbons, découverte à Sœdertelje (Baltique), doit être placée avant l'époque miocène, au milieu du terrain tertiaire. L'homme sachant seul produire le feu, on peut conclure que l'homme existait à cette époque (1).

II

On ne connaît pas un seul exemple de caverne habitée par l'homme primitif proprement dit : « Celui de l'aurore des temps quaternaires. »

Pour cette période, caractérisée par l'*Elephas Antiquus*, et l'usage par l'homme de la Hache massive de Saint-Acheul ou de Chelles ; il n'y a pas encore de caverne habitée.

Le climat est en France plus doux qu'aujourd'hui et l'homme erre sans doute sur les plateaux et dans les forêts.

A la période suivante, pluvieuse et froide ; l'homme rentre, se cache sous terre et ne vit plus guère qu'à

(1) Almanach Hachette, 1894, page 174.

l'état de petites colonies familiales, éparses le long des petits cours d'eau, aux rives abruptes, creusées d'abris et de cavernes.

L'homme des cavernes de nos régions n'est pas un homme primitif. Il sait tailler une grande variété d'outils en silex, puis il apprend à travailler l'os, et finit par développer une curieuse civilisation artistique depuis la vallée de la Vezère dans le sud-ouest jusqu'en Suisse et dans le sud de l'Allemagne.

Il sait non seulement cuire les aliments, puisqu'il connaît l'usage du feu, mais il y satisfait tous ses besoins, malgré qu'il y passe des saisons entières (1).

III

Dans les plus anciennes formations rapportées à l'époque quaternaire par les géologues, à côté des animaux caractéristiques, on ne trouve plus seulement les restes d'une industrie toute primitive : silex taillés, os incisés, fossiles perforés, etc., etc. On y rencontre encore parfois des ossements humains.

Le nombre de ces débris n'est pas encore considérable et leur état de conservation laisse souvent à désirer : on a pu cependant reconnaître plusieurs races.

Malgré les difficultés spéciales dont est entouré l'examen de ces os, on a réussi à reconstituer trois races quarternaires au moins, dont nous allons successivement aborder l'étude. Nous commencerons par la plus ancienne, dont on a trouvé presque tous les restes dans ces terrains contemporains de la première faune quater-

(1) A. Martel. — Les Cévennes et la région des causes. — Paris 1889. In-8°.

naire, celle ou règnent presque exclusivement les animaux éteints, le mammouth, le rhinocéros tychorinus, etc.. etc. Cette race nommée la race de Canstadt, ou de Néanderthal, a été découverte en 1700, dans l'Allemagne du Sud (1.)

L'étude anatomique du crâne et des restes de Néanderthal, semble attester qu'ils ont appartenu à une seule et même race dolicho-platycéphale et prognathe dont, le squelette reconstitué aussi complètement que possible présente certaines affinités avec les populations actuelles.

Les travaux de MM. Wilson, Scouler, Turner, Gordon, etc., etc., prouvent que ces affinités existent, particulièrement dans les Iles Britanniques et le Béarn.

Cette première race de Scandinavie doit au prognathisme énorme de toute la face et aux dents très fortes, une ressemblance simiesque. Cela n'en prouve pas néanmoins l'origine, puisque de nos jours le Dr Lagardelle en a décrit un type très pur, vivant dans les marais de la Sèvre.

Les types historiques du Kai-Hikke, de Robert Bruce, d'O'Connor et St-Mansuy, peuvent d'ailleurs se rencontrer chez des hommes civilisés, doués d'une intelligence moyenne et même supérieure, tandis que l'élévation supérieure du crâne et l'expression modérée des sinus frontaux, sont le propre de certaines races, dont l'état social est demeuré jusqu'à nos jours rudimentaire.

On ne peut donc conclure que l'homme de Néander présentait un certain degré d'idiotie.

« La tête de Durabul l'Australien est une tête vrai-

(1) Voir le moulage à la galerie d'anthropologie au *Muséum*.

ment animale, dit Morton ; le front est excessivemenţ plat et fuyant, tandis que, par son prognathisme, la mâchoire supérieure dégénère presque en museau.

« L'arcade alvéolaire, au lieu d'être ronde ou ovale dans son contour, est presque carrée. La tête est allongée en totalité et déprimée le long de la région coronale, la base du crâne est plate et les apophyses mastoïdes sont très larges et grossières. Les orbites, immenses, sont débordées par de lourds arcs sourciliers.»

Les races blanches dénommées caucasiques, quoique nullement originaires du Caucase, sont les plus anciennement connues des races humaines : mais avant les hommes préhistoriques, les hommes fossiles avaient vécu.

Si on a pu, à plusieurs reprises, découvrir dans les terrains tertiaires les instruments des hommes primitifs, on n'a pu encore y trouver des ossements humains. Il n'en est pas de même pour l'époque quaternaire, pendant laquelle plusieurs groupes d'hommes ont vécu sur le sol avec les éléphants, les rhinocéros, les ours, les rennes, etc., etc. (1)

IV

M. G. de Mortillet dit, en parlant de *l'âge Acheuléen* : « Pendant que les glaciers se développaient, l'éléphant antique, etc., etc., semblent jouer le premier rôle. L'homme leur dispute le sol et se nourrit de leur chair. La lutte contre les bêtes de cet ancien monde était terrible : aussi la race de ces temps primitifs porte à un haut degré le cachet de cette nature sauvage.

(1) De Quatrefages et E. Hamy, *loco-citato*.

Le crâne et la face de l'homme glaciaire présentent un aspect étrangement sauvage. Les os des membres indiquent une taille de 1 m. 68 à 1 m. 73; mais les proportions en sont athlétiques. Il menait une vie errante, entièrement consacrée à la chasse, et rien ne permet de supposer qu'il ait connu l'agriculture ; il ne devait pas non plus enterrer ses morts.

TROISIÈME PHASE GLACIÈRE

Caractères paléontologiques : Mammouth, cheval, renne, etc.

Les hommes de Cro-Magnon avaient un front large et la voûte crânienne présentait les plus belles proportions. La face n'avait rien de désagréable. leurs traits même présentaient une véritable beauté. Ils étaient d'une haute stature : 1 m. 78, 1 m. 82, 1 m. 85 ; avaient des muscles puissants, une constitution athlétique...

Plus sociables, plus sédentaires sans doute que les précédents, les hommes de Cro-Magnon habitaient des cavernes et des grottes où ils ont laissé de nombreux débris de leur industrie : cette race ensevelissait les morts sous des abris où on les a retrouvés. Essentiellement chasseurs, guerriers à coup sûr, les hommes de cette époque s'occupaient avant tout de leurs armes : le silex ne servait plus qu'à fabriquer des outils. La quantité considérable de charbons et de cendres, retrouvés dans les stations, ne permettent pas de douter que le feu servait à la cuisson des aliments. Ils préparaient les peaux des bêtes pour s'habiller et des ornements...

« Vers l'époque finale quarternaire dit Van Bénéden, apparaît une race nouvelle qui s'allie à la race primitive.

(Race brachycéphale de Furfooz, de Quatrefages; âge magdalénien de M. G. de Mortillet.)

Les hommes de la Madeleine et de Bruniquel devaient reconnaître des chefs et c'est pour eux sans doute, que l'on sculptait ces beaux poignards en ivoire que l'on a retiré de ces cavernes; des bâtons de commandement comme en ont les sauvages actuels.

A ce moment de splendeur, nous voyons déjà apparaître dans l'art, une véritable décadence qui s'accentue de plus en plus (les suites d'une invasion sans doute ou d'un cataclysme.) (1)

A ce moment aussi, paraît une nouvelle race qui se divise en quatre rameaux : deux races de Furfooz ; race de Grenelle et de la Truchère. Ces hommes étaient de petite taille, 1 m. 53, 1 m. 62, robustes, vigoureux et agiles.

Ils se peignaient le corps et étaient pacifiques, ils façonnaient des bijoux, étaient fétichistes.

M. Georges de Mortillet fait remonter les premières transactions commerciales à une première migration de l'Asie, antérieure aux traditions, ainsi que les premières guerres. L'homme néolithique apporta des armes perfectionnées et amena des animaux domestiques, le chien, le porc, le mouton, la chèvre, le bœuf, le cheval; les céréales telles que le blé, le froment,

---

(1) En 1893 un ouragan dévasta les îles de la mer. A Chénière Caminada en face l'île Grande il y eut plus de 1,000 morts sur 1,640 habitants. Cette petite colonie de pêcheurs comptait 310 maisons : il en resta 3 debout. Dans toute l'île il tua exactement 1,978 personnes et anéantit pour 5 millions de dollars (25 millions de francs) de propriétés diverses.

l'orge et le seigle ; une plante textile, le lin. Les monuments, les dolmens, les menhirs, les idées religieuses
et le culte des morts ; mœurs, usages et coutumes,
complètement inconnus, de la population autochtonne
des temps géologiques. On pense que cette race venait
de l'Asie mineure, l'Arménie et le Caucase.

Les hommes étaient de race supérieure, dolichecé-
phales et brachycéphales, et paraissaient venir de
l'Asie. Leur marche dut être lente et séculaire.

VII

D'après ce que l'on vient de lire, il n'est pas douteux
que c'est aux hommes de Cro-Magne que l'on doit la
civilisation initiale et que c'est à une invasion que l'on
en dût l'arrêt.

VIII

« Un des traits essentiels de l'anatomie de notre
grande race du midi de la France, est l'écartement des
glénoïdes et la direction excentrique du zygoma, caractères incontestablement liés à un vaste développement
de la face en largeur, et une élongation du crâne.

» Nous n'avons presque rien à ajouter à ce que nous
avons dit dans la première partie de cet ouvrage (1),
sur les comparaisons auxquelles se prête notre seconde
race d'Australie avec les plus anciens habitants de
l'Europe occidentale. Nous avons rappelé non sans
quelques détails les hésitations de M. Maxley semblant
croire d'abord à une variabilité extrême du crâne australien, puis dégageant peu à peu le type dolichoplaty-

(1) Crânia Etnicha. MM. de Quatrefages et Ernest Hamy.

céphale, le localisant en quelques points restreints de l'Australie, pour établir avec netteté ses affinités avec notre crâne de Caustadt ou de Néanderthal.

« Tout porte à croire que mieux les australiens dolichoplaticéphales seront étudiés, plus complets seront les fossiles humains dont l'avenir ne peut manquer de nous révéler l'existence, et plus les liens se resserreront encore entre ces deux groupes ethniques si éloignés pourtant dans l'espace dans le temps (1).

M. Daubrée, dans le *Journal des Savants*, juin 1891, dit : « Une chose sûre et certaine, c'est la présence de l'homme sur le nouveau continent — qui est peut-être le plus anciennement habité — dès le principe de l'époque quaternaire.

« Des traces évidentes des anciens glaciers, telles que les polissages, les stries et les moraines, s'aperçoivent dans les montagnes voisines de cet ancien lac, dont quelques-unes dépassent 3,000 mètres (quaterley, history of mons Vielley-California, 8 th. report p. 393. — 1889).

« Outre les débris d'animaux et de végétaux qui ont été trouvés dans les sédiments du lac Lahontan, il importe de signaler une tête de flèche en obsidienne grossièrement taillée, d'où l'on a conclu à l'existence de l'homme dans ces temps reculés. »

Dans son livre si documenté (2), et parlant des premières découvertes relatives à l'homme fossile, de Quatrefages, fait le tableau suivant de nos premiers ancêtres.

« Pourtant un fait général ressortait très nettement de ce

---

(1) Crânia Etnicha. **MM.** de Quatrefages et Ernest Hamy, *lecocitato*.
(2) Hommes fossiles et hommes sauvages, de Quatrefages.

savoir imparfait ; ce fait avait une importance réelle et on pouvait la formuler ainsi : Bien peu après le commencement des temps quaternaires, dans des contrées voisines, à des époques relativement rapprochées et sous l'empire de milieux bien probablement très semblables, il a existé au moins deux races humaines parfaitement distinctes.

« De celà on pouvait conclure que l'homme était déjà ancien sur la terre et qu'il avait subi probablement depuis bien des siècles l'action de conditions d'existence diverses, amenées soit par sa durée dans le temps, soit par ses migrations à la surface du globe.....

« Cette interprétation concorde avec ce que nous disons plus haut : l'homme date au moins de l'époque pliocène.

« Cet homme primitif avait déjà la manie de la collection, puisqu'on y trouve avec les squelettes de l'époque, tout ce qui brille, coquillages, silex, etc., etc.

« Cette période de transition se rapporte essentiellement aux alluvions fluviales moyennes et aux cavernes correspondantes. Elle est caractérisée paléontologiquement, par le développement progressif d'industries soit nouvelles, soit à peine nées dans l'âge précédent ; anthropologiquement, par l'apparition d'une race dolichocéphale supérieure à ses devancières par la taille, la force musculaire et aussi par l'intelligence.

« L'homme est donc déjà un voyageur ou un commerçant, ou mieux encore, l'un et l'autre.

« ... Tous les fossiles humains rencontrés jusqu'à ce jour se rattachent à six races plus ou moins distinctes qui sont :

1º La race de Caustadt ; 2º La race de Cro Magnon ;

3° La race mésaticéphale de Furfooz ; 4° La race sous-brachycéphale du même endroit ; 5° La race de Grenelle ; 6° La race de la Truchère.

« Ces races appartiennent à l'époque quaternaire qui a précédé immédiatement la nôtre. »

Cette multiplicité de races apparues presque en même temps et au même endroit ; c'est-à dire au centre de l'Europe, prouve qu'il y eut une migration imposante due à un fait géologique ou climatérique important. » En raison de la longueur des périodes nécessitées par le transformisme dont nous avons parlé, cette réunion de races aurait demandé un temps infini, et l'on aurait pu admettre la contemporéanéité que le savant docteur leur attribue.

Ces citations incomplètes, parce qu'elles sont trop brèves à notre gré, vu la réputation incontestée de ces éminents et consciencieux savants, nous permettent de croire que l'homme vivait sur notre globe dès l'époque tertiaire, mais que la civilisation fut fort lente à naître puisque une perturbation incalculable sépare les traces trouvées dans le terrain miocène inférieur de celles plus récentes de l'époque quaternaire.

Est-il besoin de dire que l'homme de cette dernière époque avait été tout d'abord repoussé au nom de l'ancienneté que cette existence assignait à notre espèce ?

Nous venons de voir que les faits géologiques et paléontologiques ont eu raison de ces dénégations aujourd'hui abandonnées.

Ce sont ces mêmes faits qu'il faut considérer pour savoir si les hommes de Canstadt ou de Cro Magnon furent les premiers habitants civilisés du globe, ou s'ils ont eu des précurseurs.

D'où venaient cet homme des cavernes déjà civilisé ?

Il est facile grâce à la science anthropologique d'en deviner l'origine et de suivre ses croisements.

§

CURIEUSES MŒURS

Connaissez-vous le Bobo qui vit aux abords des affluents de gauche du Niger ?

Le Bobo avant tout est un agriculteur et un chasseur ; le vêtement lui importe peu ; d'ailleurs peu industrieux et cultivant uniquement pour ses besoins, il n'a guère de ressources pour acheter des étoffes. Pour tout vêtement, il a un lambeau d'étoffe, lambeau retenu d'avant en arrière à de petits cordons de cuirs tressés, enroulés autour des reins. L'aisance se manifeste, chez les jeunes gens surtout, par de gros glands assez gracieusement faits qui pendent devant et derrière entre les cuisses. Quant aux femmes, les plus fortunées ont un pagne dont la largeur ne dépasse pas une coudée ; les plus pauvres se contentent de feuilles vertes dont les tiges tressées en bouquet pendent devant et derrière. La vertu habillée que nous nommons pudeur n'existe point pour le Bobo, car, affirme-t-il, « s'habiller est avoir quelque difformité à cacher » 1.

C'est toujours avec les Américains du Nord, qu'on doit chercher des points de comparaison, entre les troglodytes et les sauvages actuels... Enfin, entre les troglodytes du Périgord et de l'Angleterre, les affinités étaient notoires ; de même qu'entre l'homme de Chan-

(1) Relations de voyage du lieutenant-colonel Monteil.

celade et les squelettes trouvés dans les moyens niveaux de Grenelle.

Les habitants des cavernes et ceux des alluvions ont un caractère commun, ils étaient dolichocéphales, c'est-à-dire que le crâne avait la forme allongée, celui de Cro-Magnon avait le crâne arrondi en forme de pentagone très prononcé.

Les orbites à peu près arrondies pour le crâne de Canstadt sont au contraire, ici extrêmement dilatées. Le nez du crâne trouvé à Gibraltar pareil à celui de Spie, extrêmement dilaté en longueur, est allongé et aminci, presque pincé ici. Les deux races étaient prognathes et losangiques.

Là, le maxillaire est effacé et l'angle du menton a disparu : ici il est extraordinairement avancé et forme galoche, ce vieillard avait dépassé la moyenne.

La taille du vieillard de Cro-Magnon atteignait 1 m. 80, celui des alluvions n'avait que 1 m. 70...

Le brachycéphale est moderne et la première apparition a lieu en Russie, la deuxième en Hongrie, la troisième dans des conditions assez difficiles aux environs de Lyon, mais celle de Grenelle est bien en place...

Ces trois races primitives réunies en un point presque voisin, prouvent la migration dès la plus haute antiquité, et ainsi la dépossession des premiers hommes, habitant un endroit privilégié nous paraît plausible, surtout si on compare la différence des climats, qui, quoique moins prononcée à l'époque pouvait avoir d'autres causes : inondations, tremblements de terre, etc., etc.

§

Des six races primitives bien caractérisées, une seule, celle de Cro-Magnon a produit les gravures, les sculptures, dont l'exactitude, le fini, ont excité un si juste étonnement.

M. Broca a cubé un crâne de Cro-Magnon et le résultat est supérieur de 119 centimètres cubes à la moyenne obtenue sur 125 crânes du XIXe siècle.

Ainsi chez ce sauvage contemporain du Mammouth, le crâne présente à un haut degré tous les caractères regardés comme les indices d'un développement intellectuel des plus avancés...

Les hommes de Cro-Magnon mangeaient les viandes et les poissons cuits (on a trouvé les restes de leur foyer). Ils fabriquaient des aiguilles, donc ils s'habillaient déjà. Ils croyaient à une autre vie. Ce fait est attesté par le soin donné aux sépultures, par les objets trouvés à côté des squelettes. En somme la race de Cro-Magnon doit avoir eu les plus grands rapports avec les véritables peaux-rouges d'Amérique. Comme ces derniers, elle était exclusivement chasseuse et manifestement guerrière.

Toutefois les instincts artistiques dont elle a fait preuve, le point où elle a porté la gravure et la sculpture lui assignent une place entièrement à part parmi les populations qui n'ont pas dépassé cet état social rudimentaire.

Leur principal centre d'habitation était le sud-ouest de la France, mais ses colonies s'étendaient dans le nord de notre pays, dans la vallée de la Meuse, de l'Italie, etc., etc.

Leur trace s'est perpétuée chez les kabyles, mais c'est principalement aux Canaries que la race de Cro-Magnon a laissé des descendants.

A cette époque la température était froide (1).

ARRIVÉE DES GAULOIS
DANS L'EUROPE OCCIDENTALE

L'arrivée des Gaulois produisit le mélange de toutes les races quarternaires, de celle de l'âge de bronze avec de nouveaux peuples venus d'Orient.

Ce fut l'invasion d'un nouveau peuple étranger apportant le fer et de nouvelles mœurs.

Ce peuple énergique, d'origine gallique, vainquit facilement une nation plus faible et ne possédant que des armes de bronze.

Les hommes de l'âge de fer étaient de taille élevée, à tête dolichocéphale, signe qui indique la prédominance d'instincts matériels sur les facultés élevées de l'intelligence.

Les traces constatées de mœurs cruelles de ces peuples ne viennent que confirmer cette appréciation.

Il n'est pas douteux que le fer, comme le bronze, ne soit venu d'Orient.

L'argent n'est bien connu qu'à cette époque ainsi que le verre. A ce moment apparaissent les premières monnaies ; elles sont en bronze et coulées ; puis vient

(1) Crania Etnicha, de Quatrefages et E. Hamy.

la poterie rouge fabriquée au moyen du tour à potier et cuites au four. Les armes sont des épées à deux tranchants avec ou sans fourreau de fer, des fers de lance et de javelot, des haches, des faulx, des pinces, des ciseaux, des rasoirs, des fibules, des cercles de roues de charriot, des mors de chevaux, des cottes de mailles.

Le fer et le bronze marchent de pair.

Dans les incinérations du Tarn on voit des armes de luxe et des objets d'art. Ces cimetières représentent donc une époque de transition du bronze au fer; la présence de l'ambre à Sainte-Foy, implique des relations commerciales lointaine. Avec l'âge de fer l'inhumation recommence; mais cette coutume n'a rien de générale, On peut même croire que l'incinération était pratiquée pendant les premiers temps de l'emploi du fer. C'est le cas du département du Tarn.

- Les sacrifices humains étaient en usage dès cette époque : L'art qui commençait à briller aux temps quaternaire, qui semblait éteint pendant les âges de la pierre polie et du bronze, semble renaître pendant cette époque et l'artiste s'applique de nouveau à reproduire les plantes et les animaux...

On connaît les destinées de cette race gauloise, si énergique et si puissante qui occupa dès la plus haute antiquité, une grande partie de l'Europe occidentale jusqu'à l'Ecosse et l'Irlande ; qui ensuite, refoulée par le peuple des druides, les kymri, se rua sur l'Italie et la Grèce, conquit l'Etrurie et finit par s'emparer de Rome.

Il ne fallut rien moins que la valeur et la discipline romaine pour subjuguer, trois siècles plus tard, ce vaillant peuple, après des luttes aussi longues qu'héroïques (1).

Ainsi d'après ce triple examen, et de l'avis des cinq ou six archéologues qui résument l'état de la science anthropologique actuel, la *civilisation initiale* semble nous appartenir, être née sur notre sol : voilà pourquoi dans cette *Histoire du Repas à travers les âges*, nous restons, par raison, circonscrit dans les traditions européennes et particulièrement dans celles de la France, pays électif de la bonne chère.

FIN DE L'APPENDICE

(1) MM. Alfred Caraven-Cachin. — de Castres, Tarn.

LE PREMIER REPAS DE L'HOMME

La Bible nous dit qué : Adam construit de toutes pièces par la main de Dieu, se trouva de même *animé* par son souffle Divin.

D'après la suite de la légende il fut chassé du *paradis terrestre*, après que la compagne extraite par Dieu de son corps, lui eut fait manger une part du fruit défendu. Nous avons déjà vu combien le Paradis terrestre était ou devait être forcément un endroit monotone et peu confortable, il est inutile d'y revenir, il importe de retenir que le premier homme né ainsi était armé de toutes ses dents et pouvait par conséquent *manger*. C'est déjà contraire aux affirmations de la science qui nous démontre que l'homme est un mammifère, c'est-à-dire doit être élevé à la mamelle. Enfin, chassé pour avoir mangé la *pomme*, il fut condamné à aller tout nu... moins une feuille et à vivre à la sueur de son front.

Le fruit mystérieux qu'Adam partagea, dit la Genèse, avec sa trop curieuse moitié ; a exercé l'imagination des commentateurs.

Etait-ce pomme, figue ou citron !

En creusant cette légende adamiste on se demande combien d'années passa ce couple, heureux et innocent, dans un jardin si enchanté, où pour avoir mangé une pomme, il aliéna sa liberté, sa joie, son bonheur, ses terres, jusqu'à ses habits ; jeta le mauvais œil sur tous ses descendants et condamna aux travaux forcés à perpétuité, lui, sa famille et sa race !...

On pense ensuite que la saison des pommes est à

l'entrée de l'hiver, et on est tenté de remplacer ce Dieu si cruel pour un si bon homme, par une de ces tempêtes qui bouleversent une contrée à l'époque des équinoxes d'automne, par un brusque changement de température, un cataclysme qui changea tout à coup la contrée, et de la plus fertile en fit un endroit triste et désert, désolé et inhabitable.

Il est facile de concevoir en effet, qu'Adam ignorait qu'avec le temps et les soins on peut remettre un terrain à neuf et le rendre de nouveau fertile.

Une autre hypothèse se présente :

N'aurait-il pas été dépossédé par un nouvel arrivant, plus instruit, plus sauvage ou brutal ? La promesse faite à Eve, qu'il la rendrait aussi savante et puissante que Dieu lui-même, et qu'elle pourrait comme lui *créer* à son tour, laisse supposer qu'il était *homme* et dans toute l'acception du mot ! Serait-ce une horde en migration qui aurait emmené le couple en esclavage ? On sait combien les esclaves étaient maltraités et le sont encore, hélas ; malgré les lumières acquises (1).

§

D'après les païens, la naissance de l'homme est plus simple et plus naturelle. Macrobe nous l'explique dans ses *Saturnales* de la façon suivante : « De lui (du ciel) découlaient sans cesse les semences de tous les êtres qui restaient encore à créer après lui. Semences

---

(1) Bien qu'un seul livre ait raconté la création d'Adam, on n'est pas parvenu à en déterminer la date. Il y avait plus d'un millier de siècles, près de deux, de différence entre les appréciations des divers chronologistes. Et encore on ne tenait pas compte des *Fils des Hommes* qui faisaient si peur à Caïn.   De Montillet.

qui renfermaient en elles les principes générateurs de la création entière. Mais, à l'instant précis où le chaos cessa, où le monde eut atteint le développement complet de ses parties et de ses membres, le ciel cessa d'envoyer à la terre les germes nécessaires à la génération des éléments, car ils avaient été doués en eux-mêmes de la puissance créatrice. Quant à l'éternelle propagation des animaux, Vénus y pourvut désormais : au lieu de la rosée céleste, de l'union du mâle et de la femelle naquirent tous les êtres.

Il rapporte à Saturne *le premier être*, l'usage de la greffe, la culture des arbres fruitiers, et toutes les pratiques d'agriculture. A Rome ajoute-t-il, dans les saturnales instituées en son honneur, le Dieu est représenté avec une faux, symbole de la moisson. Les Cyrénéens lui attribuent la découverte du miel et des fruits. Les Romains l'honorent aussi sous le nom de *Sterculus*, parce qu'il s'avisa le premier de fertiliser la terre à l'aide du fumier.

Sous son règne l'abondance était générale, et l'on ne distinguait pas encore les hommes par les noms de *maître* et *d'esclave* : aussi pendant les saturnales, les esclaves jouissent de la liberté .. Les Tritons placés en haut du Temple de Saturne, représentent l'allégorie de l'Histoire qui, muette jadis, obscure et inconnue comme l'attestent leurs queues cachées et enfouies dans le sol depuis Saturne jusqu'à nos jours, éclate et parle pour ainsi dire.

Il ressort de ces deux légendes que l'homme, dès sa naissance, a dû travailler la terre pour se sustenter. Si maintenant nous abordons les preuves géologiques et paléontologiques, nous arrivons à peu près au même résultat. A chaque gisement fossile ou préhistorique, on trouve des ustensiles primitifs sans doute et peu nombreux, mais prouvant, en somme, que ces hommes s'occupaient de travaux manuels et de chasse, pour se nourrir.

§

Ainsi, qu'il soit né spontanément, d'un anthropomorphe ou d'un autre animal, qu'il soit né grand ou petit, il fut obligé de manger dès le premier jour et c'est ici que le problème se complique, car suivant l'une ou l'autre hypothèse le repas a différé.

Étant mammifère et homme, il a dû téter. Prit-il le sein de sa mère? Vit-il téter d'autres animaux, et arracha-t-il le petit du pis de sa mère, et se mit-il à sa place?

Celui qui pourrait résoudre ce problème mériterait une bien belle couronne. Que de préjugés tomberaient devant cette découverte, et combien la raison humaine se trouverait agrandie !

La tradition et l'évidence nous disent que les premiers hommes adultes étaient frugivores, car pour que l'homme devint carnivore, il fallait une somme de progrès qu'il ne put réaliser dès les premières années de son existence. Le régime frugivore était d'autant plus naturel que la nature devait être d'une fécondité merveilleuse, dont les pays vierges, nouvellement conquis, peuvent nous donner une faible idée. — Cette tradition nous dit toujours, ainsi que nous l'avons vu, que nous devons la fatalité d'être malheureux à Ève, qui, avec une grâce séductrice, qui distingue toujours ses aimables descendantes, offre à son compagnon la moitié d'une pomme qu'il mangea avec délices.

Que celui qui n'aimerait pas à être dupe d'un pareil stratagème lui jette la pierre. Au risque de damner toute la terre peut-être aurions-nous agi de même. En tout cas, dès cette époque, l'homme mangeait avec discernement, avec la conscience de ses besoins; l'instinct de la conservation et de l'amélioration sociale, lui dictait un acte logique, en rapport avec elles; le *repas* était né.

Jusque là, l'homme s'était nourri comme les animaux qui vivaient autour de lui et dont il était le compagnon; mais dès qu'il distingua, l'acte de choisir sa nourriture, devait lui donner une force et une supériorité; il cesse de se repaître et devient le *maître* des animaux.

§

Acceptant le régime frugivore, comme adopté par le premier homme, après voir tété plus ou moins longtemps, il est facile de se figurer ses premiers repas.

Les fruits dorés suspendus et de belle venue étant étalés à ses regards, dès que l'appétit lui dit de manger, il s'approche, choisit ceux qui lui paraissent les plus beaux, mord dedans à belles dents, en essaye plusieurs, et après ce premier choix, cueille une large feuille qu'il pose en forme de corbeille sur son bras gauche arrondi. Puis, détachant de la main droite les fruits qui avaient le mieux chatouillé ses papilles gustatives, il remplit la feuille et va s'asseoir, soit sous l'ombre même de l'arbre, soit sous celle d'un autre plus touffu, soit sous un rocher, et là mange tranquillement. Le bruit mystérieux et si agréable à nos oreilles de quelque ruisselet aussi naïf que lui, offrit peut-être ses bords égayés par quelque fleurette aussi belle que brillante, la fraîcheur de l'eau et sa limpidité lui donnèrent l'idée d'y goûter, et l'homme réconforté admira la nature avec moins de souci.

Jusqu'à la rencontre d'un deuxième individu le repas dut être bien monotone. Celui qui, frappé par un malheur quelconque, se trouve obligé de prendre ses repas dans un endroit isolé et solitaire, peut aisément se figurer ce que devait être ces premiers dîners, malgré la richesse et la variété de la nature, et aussi malgré son inexpérience sociale.

La rencontre d'un nouvel être de la même espèce compliqua les repas suivants, il fallait plusieurs feuilles, plusieurs voyages aux arbres, à la fontaine et si le nouveau venu arrivait de loin, il devait avoir naturellement d'autres goûts, d'autres coutumes, d'autres besoins, des connaissances acquises par le voyage, par ses sensations ou réfléxions personnelles. Cette première réunion fit naître le besoin de se faire comprendre afin de partager la satisfaction de se voir réunis. De tout temps l'homme n'a bien joui que de ce qu'il partage.

Il fallait aussi remercier de ce que l'un donnait ou apprenait à l'autre; comme l'ouïe est le premier des sens exercés avant toute culture, il imita un son qui l'avait frappé, un cri d'animal quelconque qui était resté dans sa mémoire encore vierge, et l'accompagnant d'une mimique expressive (la pantomime), il dut émettre un son informe, guttural, peu harmonieux sans doute, mais que des oreilles vierges trouvèrent fort doux.

Le langage ou expression orale était né, et désormais l'homme tenait la nature en respect par la seule supériorité que lui donnait cette création, la parole. Elle lui facilitait le moyen de s'associer, de faire partager sa volonté et de s'unir pour concourir vers un but commun, de faire comprendre ses désirs et expliquer ses besoins, de s'exprimer comme un Dieu, c'est-à-dire comme un maître. C'est la plus belle création que fera l'homme pendant son repas. N'est-ce pas encore, en effet, l'éloquence qui est la plus puissante des facultés de l'homme? N'est-elle pas la plus ambitionnée par celui qui a le noble désir de transmettre à la postérité un nom devant servir d'exemple? Qui ne frémit d'horreur, ne frissonne de douleur, ne pleure de joie, ne se sent envahi d'amour patriotique, à l'audition d'un discours génial? Le souffle de l'éloquence est tel, que quelques phrases suffisent pour renverser un trône plusieurs fois séculaire, relever un pays abattu sous les coups d'un ennemi puissant, flétrir à jamais un lâche, et graver sur l'airain de l'histoire, la gloire des génies bienfaisants qui ont honoré l'humanité.

Plus tard, la réunion des deux sexes fera parler la nature et de nouvelles modifications surgiront. Le repas sera plus intéressant.

RIEN NE SE PERD, RIEN NE SE CRÉE

Le plus souvent un créateur est celui qui rend possible la constatation visuelle d'un *fait* qui était *avant* comme *après* un produit tout naturel.

Torricelli créant le baromètre, Réaumur le thermomètre, nous donnent la *preuve* que l'air est soumis à des variations qui se traduisent par des hauts et des bas, par de la chaleur et du froid. Mais ils ne changent rien au phénomène, tout au plus nous permettent-ils d'aviser à certaines catastrophes.

En lisant avec attention les légendes hindoues qui ont trait à la création de la femme ainsi que celle plus postérieure de la création de la compagne d'Adam, on peut en tirer la même conclusion, à savoir : que le Créateur fut celui qui le premier *marqua par une loi* la différence qui existait entre l'homme et la femme.

Cette constatation fut le premier pas de l'humanité vers « l'inégalité sociale ». Elle date par conséquent de loin.

Depuis combien de temps l'humanité existait, avant que la différenciation des sexes fut érigée en loi ?

Rien qu'à juger avec quelle lenteur majestueuse se font les découvertes capitales il dut se passer de bien longues années.

Il était en effet de toute nécessité qu'un certain esprit de méthode, qu'une certaine précision de langage et de signes pour relier entre eux les divers phénomènes que faisait apparaître cette découverte, fussent créés afin de pouvoir classer socialement les idées et les devoirs nouveaux qui allaient en découler.

Cette trace de l'espèce humaine androgyne ou agame, s'aperçoit dans les écrits védiques de l'Inde.

On y voit facilement la difficulté de dégager les deux sexes qui restaient associés jusqu'au jour ou Dieu fit la femme avec une partie de l'homme.

Ce système nous est venu d'Asie, rajeuni par la légende d'Adam et Ève.

On peut supposer avec quelque apparence de raison que dès l'époque primitive le nom de Dieu était plus commun qu'aujourd'hui puisque les Romains en avaient un assez grand nombre, et qu'il était donné à un de ces Génies rares qui ont fait les premières créations agricoles. Évhémère ne nous dit-il pas dans la doctrine qui à conservé son nom, que les personnages mythologiques, n'étaient autre chose que des hommes bienfaisants honorés du titre de Dieux par la reconnaissance des peuples ? On ne les honorait jamais sans les attributs qui caractérisaient leur invention et attestaient ainsi les services qu'ils avaient rendus à l'humanité. Il se peut qu'on honora de ce nom le premier qui caractérisa les deux sexes, et marqua les devoirs et le rôle de chacun d'eux, à travers les âges futurs.

LA FEMME

La présence de la femme apporta au repas des modifications profondes. Les fleurs ne tardèrent pas à être mêlées aux fruits. Le désir de posséder un objet si gracieux et si doux, si aimable et prévenant, si intéressant fera naître la jalousie à l'apparition d'un tiers qui peut devenir un concurrent. L'idée de la propriété personnelle s'impose peu à peu, et pour mieux en assurer la possession et cacher à des regards indiscrets, des attraits mieux appréciés puisqu'ils étaient reconnus la source de la famille, on les déroba à la vue de l'étranger en suspendant une feuille à une liane enroulée autour de la taille qui en parut plus élégante. Le fruit défendu fut caché à tout autre regard, qu'à celui du légitime propriétaire. La mode du même coup était née : depuis elle n'a cessé de progresser. Le vêtement était créé et les premiers froids devaient en augmenter l'importance.

Pour goûter en paix ces nouveaux plaisirs, la pudeur féminine ne tarda pas en se développant d'exiger le secret, on chercha un coin sombre et à l'abri de toute indiscrétion, on se blottit dans le premier antre qui s'offre, on roule une pierre devant pour se garantir des rivaux ou des animaux et voilà la première habitation humaine, l'embryon de la tour Eiffel.

§

La réunion de plusieurs groupes au même repas, éveilla surtout chez les femmes l'envie de se distinguer; les belles manières et les poses gracieuses, l'art de présenter les aliments commencèrent à être étudiés, les regards furent surveillés, les paroles écoutées avec plus d'attention, après s'être rassasiés on voulut causer, les sons furent multipliés, on choisit les plus doux que l'on répète avec plaisir, et cette langue nouvelle qui parlera avec une précision inconnue à l'âme, affectueuse ou irritée, fera faire des mouvements, brusques ou lents, gracieux ou violents : un embryon de civilisation s'ébauche. Ainsi nous voyons les premiers repas donner naissance à la parole, à la pudeur, à la propriété, à la politesse, à l'habillement, à l'habitation, presque à la famille et aux divertissements.

§

La naissance des enfants de plusieurs couples imposa le mariage, et les convenances sociales; les conditions faites entre les deux parties créèrent de nouveaux besoins de se réunir; les délibérations intervenues nécessitèrent de nouveaux signes, pouvant au besoin rappeler les conventions et les promesses faites ; on échangea certains objets, on grava les signes et les moyens de transmettre après la mort, des conventions établies pendant la vie de l'individu, furent inventées en même temps que la tradition et l'histoire.

Les repas augmentant en raison du nombre des individus, les feuilles semblèrent petites, bien qu'on en augmentât le nombre. En outre elles étaient peu commodes.

La vue d'un nid ou d'un coquillage donna l'idée de faire un panier avec le premier, ou d'utiliser le second. Petit à petit les inventions surgirent. Les repas devinrent plus cérémonieux, les discours sous forme de conseil des ascendants aux nouveaux époux devinrent nécessaires, ce fut déjà le régulateur moral créé, la famille s'agrandit et il suffit désormais de la laisser s'étendre pour qu'elle constitue une tribu. Quand celle-ci sera trop grande le besoin de l'émigration se fera sentir, les provisions devenant plus rares à mesure que la tribu augmente.

Une première séparation se fit, on emporta les objets préférés, animaux, fruits, fleurs, légumes ou racines qui plaisaient, que l'on replanta à l'endroit où l'on se fixa et l'agriculture, cette précieuse création de l'homme, de même que l'élevage qui donnera la puissance aux peuples pasteurs étaient nés de ce premier exil (1).

§

La première mort dut causer aux survivants d'é-

(1) En quittant Hawaïki pour la terre nouvellement découverte par Myahué, les chefs immigrants emportèrent avec eux les plantes, les animaux dont l'expérience leur avait appris l'utilité Le chien, le rat figurent dans la liste de ces trésors du colon. (Georges Grai, *J. des Savants*, 1888.)

tranges réflexions et une épouvante inconnue dut s'emparer d'eux.

Qui saura jamais l'effet que produisit sur ces natures primitives et aux sensations frustres, le spectacle de ce corps roide et froid, naguère plein de vie; le compagnon, l'ami, le fils ou le frère? On dut faire un repas spécial composé des aliments que préférait le mort, on mangea auprès de lui pour exciter son appétit et lui tenir compagnie. Ce premier repas funèbre fut une première déception et un acheminement aux réflexions ayant trait à une autre vie. Cette coutume a d'autant plus persisté que le peuple est moins civilisé (dans certaines contrées les repas funèbres sont de vraies noces) (1). Mangeait-on assis, debout ou couché? Combien de temps dura le régime frugivore et végétarien?

A toutes ces questions, on ne peut répondre d'une manière précise. On sait que les Brahmanes de l'Inde allaient tous nus (ce qui atteste leur ancienneté), qu'ils ne mangeaient que des choses n'ayant pas vécu et que pour toute boisson ils buvaient de l'eau bouillie. Mais ceci est presque de l'histoire contemporaine à côté des faits géologiques découverts récemment.

Après l'établissement de la deuxième tribu, il dut se faire quelque découverte nouvelle qui obligea les exilés à faire une visite aux premiers parents. Les repas se compliquèrent, car les uns ou les autres ayant ou décou-

---

(1) Les repas funéraires avaient lieu chez les Hébreux, les Syriens, les Grecs et les Romains. Les Hébreux idolâtres plaçaient même quelques mets auprès des fosses pour les âmes errantes et croyaient que la déesse Trivia, qui présidait aux rues et aux chemins, enlevait pendant la nuit cette nourriture. Les premiers chrétiens d'Afrique déposaient également à manger sur les tombeaux des martyrs.

vert de nouveaux aliments, fruits, légumes ou animaux que ces nouveaux terrains produisaient, soit qu'à cause du climat ou de sa configuration géographique, se fussent imposé de nouvelles habitudes ou de nouveaux besoins, un peu de variété y présida.

On y raconta les faits remarquables qui s'étaient accomplis de part et d'autre depuis la séparation ; naissances, morts, tempêtes, chaud ou froid excessif, l'observation se précisa, l'Histoire écrivit ses premières pages. Que ne pouvons-nous les consulter, notre orgueil n'y gagnerait pas, car on y verrait la modestie de notre origine.

Le mariage des enfants adultes leur parut une occasion favorable pour resserrer les liens qui les unissait déjà ; ces derniers, pour ne pas être trop éloignés de leur double ascendants, s'établirent entre les deux tribus. La progression des trois familles rapprocha les distances et créa la bourgade.

§

Jusqu'à la fondation d'autres tribus plus éloignées et plus indépendantes, le commerce ne fut guère possible, l'échange se faisant en famille, et consistant tout au plus en souvenirs. Les réunions n'avaient lieu que pour célébrer les naissances, les mariages ou de solennelles funérailles faites à quelques vieillards. Jusqu'à une nouvelle émigration plus sérieuse, dans laquelle on emportera jusqu'aux ossements des morts, la civilisation reste à peu près stationnaire.

On trouve la preuve que dès les premières émigrations on emportait même les ossements des morts ou leur cendre dans des urnes, il en était ainsi chez les troglodytes de la Marne. Les grottes du Petit-Morin, ont présenté une particularité fort curieuse, et qui je crois n'avaitpas été signalée. M. de Baye a trouvé cinq crânes renfermant à l'intérieur les débris d'un squelette d'enfant. Les os longs font généralement défaut (à part la tête d'un fémur). Les conditions dans lesquelles ils ont été trouvés excluent l'idée que le fait fut accidentel, il pense plutôt qu'on croyait ainsi rapprocher plus intimement un père et des enfants séparés par la mort.

Une autre preuve d'émigration fréquente c'est qu'on a trouvé des flèches en jadéïte, en chloroménalite. Or, la première de ces pierres semble n'exister qu'en Chine et peut-être en Amérique, et notre éminent minéralogiste, M. Damour, n'a pu encore découvrir la seconde.

La poterie, trouvée dans les débris, fait supposer qu'ils ont fait usage du *pot-au-feu* ou de quelque chose d'approchant. Ils avaient des animaux domestiques, notamment le sanglier, le mouton, des oiseaux, etc., on y a trouvé des graines de solaïs, d'ambre et trois grains de cristal de roche, matière dont le gisement le plus rapproché est le Dauphiné... Les hommes de Cro-Magnon, en dépit des instincts élevés dont ils ont laissé des preuves, ne s'étaient pas élevés au-dessus de l'état le plus inférieur, ils étaient restés chasseurs et franchement sauvages (1).

Il faut arriver à l'époque où les bourgades s'étant dédoublées et éloignées les unes des autres, pour que la marche vers une nouvelle situation sociale, prenne un développement digne de remarque. L'éloignement développa tout à la fois, la culture et l'élevage et alors

(1) Hommes fossiles et hommes sauvages, de Quatrefages.

les peuples se font pasteurs, ce qui les force à s'occuper d'échanges. Les contractants ne se connaissant plus, des contestations devinrent possibles et pour les trancher on nomma des tiers, qui plus anciens ou tout au moins plus désintéressés, mirent les partis d'accord ; on les invita à manger pour les remercier et les récompenser de leur peine. La justice civile et un nouveau repas étaient fondés.

Cette sage coutume, une des plus antiques de l'humanité, est encore le privilège de certains pays assez pauvres pour être restés en dehors de l'arsenal de lois créées par les nécessités si dures de la lutte pour la vie.

Cette époque transitoire est appelée l'âge de la pierre polie. Ces hommes aventureux vont partout, ils sont suivis par une foule d'animaux domestiques qui leur servent de nourriture et d'échange, c'est vraiment le Pasteur, celui qui reliera l'époque sauvage à la civilisation, en traversant cette époque encore barbare mais dont les créations sont restées comme nu monument, en faveur de leur désir de s'instruire.

« La quantité énorme d'instruments qu'ils nous ont laissés, les grottes qu'ils perfectionnaient, étaient une preuve de leur activité et aussi du développement, tout à la fois de leur commerce et de leur industrie. Certains instruments, analogues aux bâtons de commandements de nos sauvages actuels, laissent supposer un rudiment de commandement supérieur » (1).

Il est clair que le tribunal empirique créé par les générations précédentes étaient loin de suffire à une société relativement beaucoup plus avancée.

(1). Cours de paléontologie du Docteur Ernest Hamy 1892.

Certain bien-être crée quelques loisirs. L'ambition germe alors dans les cerveaux désœuvrés. La gloire d'être chef, de même que l'étaient les anciens, vint à l'idée de quelques gens plus audacieux et peut-être déjà entourés de flatteurs, ils organisèrent une cabale, se firent élire arbitres, laissèrent aux vieillards la police des mœurs qui, pour eux, moins scrupuleux, avait peu d'importance, ne jugèrent que les causes à effet et la justice cessa d'avoir cette unité de vues saines et justes, garanties par le refroidissement des passions.

Dès lors, on a la justice civile et politique. Le premier banquet verra donc réunis deux éléments bien distincts quoique peu apparents dès le principe : le pouvoir temporel exercé par les jeunes gens élus en corrompant quelques amis; le sacerdoce restant aux anciens. A la première contestation les jeunes s'imposeront par la force et même la violence, l'affection des uns, la haine des autres, réunira des partisans à celui-ci ou à celui-là ; la guerre est déclarée et les engagements volontaires sont un fait accompli.

L'armée est fondée: voilà un nom, celui de ce fondateur, que l'histoire devrait avoir retenu ! que de mères éplorées le maudiraient ! Le militarisme, cette fonction barbare et cruelle par état, qui a fait tant de mal depuis sa fondation et qui pèse encore comme une calotte de plomb sur l'humanité si souvent saignée par les conquérants; n'est-ce pas le rocher de Sysiphe sans cesse retombant sur elle ? N'est-ce pas une *Vendetta* permanente entre les peuples ? Comment et qui fera la fraternité universelle, tant que l'armée sera le premier souci de toutes les nations du globe ?

Quand, l'Humanité assoiffée de paix et de lumière,

trouvera-t-elle l'assise stable, inébranlable, l'oreiller bienfaisant sur lequel elle pourra reposer sa tête endolorie et ensanglantée par tant de luttes séculaires et barbares ?

Le voilà le tonneau des Danaïdes, toujours ouvert, toujours vide, toujours aspirant, toujours recevant, toujours refoulant, ou s'engloutissent toutes les économies, les espérances, les progrès et les bienfaits créés par la philosophie et la morale ! Le sabre à double tranchant qui blesse le vainqueur en tuant le vaincu, qui tranche dans l'œuf tous les projets d'avenir radieux, qui fait avorter toutes les combinaisons de liberté, de fraternité et d'indépendance des peuples aussi bien que des individus, parce que rêver d'avenir tranquille, de paix universelle, de stabilité sociale, de morale philosophique, est une utopie, tant que le militarisme sera une menace perpétuelle pour un peuple voisin, une nation ou plus faible ou plus riche.

§

L'armée fondée, désormais les deux pouvoirs, civil et militaire, iront s'affirmant de plus en plus, tantôt luttant pour la même cause, tantôt étant en guerre déclarée, mais presque toujours arrêtant net l'effort commun et retardant le règne de paix que le peuple entrevoit pour faire des uns des vainqueurs, des autres des vaincus, mais dans les deux cas des hommes à plaindre, puisqu'ils sont rivaux.

Après une lutte sanglante, la victoire provoquera un banquet officiel. La flatterie y prononcera son premier dithyrambe en l'honneur du chef vainqueur, et l'éloquence fera désormais partie de l'armée ainsi que les flatteurs.

On cherchera des objets de valeur, soit par leur rareté ou leur beauté pour les offrir au chef, on s'ingéniera pour lui plaire, se distinguer afin de l'être à son tour, le repas se prolongeant, celui qui aura un talent spécial sera prié de le faire valoir.

Ceux qui se seront le mieux battus recommenceront la lutte. Les sauteurs les plus agiles provoqueront les assistants, on frappera sur un corps sonore pour leur donner de l'élan, d'autres feront des grimaces et enfin, le récit héroïque de l'action complétera cet ensemble, tandis que les vaincus seront ou égorgés ou réduits à l'état de brutes par l'atroce suppression d'un membre ou de la vue, mais toujours de la liberté. L'homme oubliait déjà le premier devoir ; la protection que la force doit à la faiblesse. Ce fut le deuxième degré de l'inégalité.

Ces luttes une fois commencées rendirent les hommes cruels, féroces et sans pitié, certains s'acharnaient après leur victime, au point de leur manger le cœur, boire dans leur crâne, d'autres, le préjugé aidant, poussèrent le délire jusqu'à sacrifier les victimes à des dieux imaginaires, que leur esprit fantasque leur faisait supposer être caché un peu partout, armés d'une puissance occulte et disposées à protéger celui qui lui offrirait un sacrifice humain ! Quand la morale cesse d'éclairer la raison, une faible distance sépare l'homme de la bête.

L'espèce humaine progressait malgré ces terribles luttes. Les fruits et les légumes ne suffisaient pas toujours pour les nourrir ; de là ces exodes pour éviter la famine, de là ces terribles tueries qui s'en suivaient pour détruire le peuple le plus faible, prendre son lieu et place, surtout si le terrain produisait des fruits plus beaux, de plus abondantes provisions.

Il dut en être ainsi pendant de longues années, et seule la découverte et l'usage du feu pallia le mal.

§

Les premiers hommes furent d'abord chasseurs, puis bouchers, ensuite ils devinrent cuisiniers avant de devenir soldats. Il faut être un peu gourmand pour attacher de l'importance à la nourriture et la vouloir choisie.

La vraie cuisine ne peut apparaître qu'avec une civilisation avancée, et après en avoir en quelque sorte, favorisée l'éclosion.

Lucrèce a recueilli un écho lointain des temps reculés ou la cuisson n'était pas encore découverte. Il nous peint les enfants de la Terre qui ne connaissaient ni le feu, ni le fer, vivaient des productions spontanées du sol, auxquelles la terre, dans sa florissante jeunesse, donnait un éclat et une beauté rarement atteints de nos jours, malgré nos merveilleux travailleurs agricoles. Elle leur fournissait une ample provision de fruits sauvages : le gland, l'arbousier, peut-être les senelles, etc., etc. Au moyen âge, nous verrons les hommes soumis au servage, avoir recours à ces mêmes aliments, pour s'empêcher de mourir de faim, les guerres incessantes ne permettant de faire aucune culture. Aussi on peut affirmer que la cuisine des peuples est le reflet de leur état de civilisation, de leurs mœurs et de leur climat.

LE FEU

Quoi qu'en ait dit Buffon, la plus grande conquête de l'homme, c'est le feu.

Grâce à lui, il est devenu le maître de la nature entière. Il va dans les airs, sur l'eau et dans le centre de la terre. Il est en quelque sorte le maître du temps aussi, puisqu'il a inventé, grâce à lui, une lumière dont il dispose. Il fait, avec lui, des instruments qui doublent sa force, tels le levier, qui fut le premier terme de la mécanique si développée aujourd'hui, tandis que le cheval est resté la bête de somme, presque passive et muette, plus ou moins rapide, plus ou moins dévouée, à force limitée et quelquefois aussi, peu docile.

Sans le secours du feu, on aurait pu découvrir l'électricité, mais non l'emmagasiner et appliquer cette force merveilleuse à nos besoins industriels, commerciaux et sociaux. Ces découvertes successives ayant été fort longues avant de devenir courantes, paraissent, par ce fait, ne pas découler de la conquête du feu, mais il faut faire la remarque suivante, que le supplice de Prométhée et de Galilée autorisent.

Si ces découvertes avaient été faites, seulement cent ans plutôt, on aurait brûlé vifs ou pendus, haut et court, si ce n'est écartelé, les inventeurs de ces merveilles de grâce, de souplesse et de rapidité.

Jusqu'au moment où l'homme employa le feu à cuire les aliments, ceux-ci étaient en effet plus rares, puisqu'ils étaient moins nombreux.

L'habitude aussi de manger la viande toute sanglante, que la fronde ou le pieu venait d'abattre, n'était guère propice à polir les mœurs, à rendre les hommes plus doux.

Avec le feu on fit de nouvelles expériences, de nouveaux essais, les graminées furent broyées, on découvrit le blé, les légumes secs furent utilisables à l'époque du froid et l'inquiétante question des provisions hivernales devint moins aiguë. La nourriture étant mieux assurée l'homme sera moins cruel, il aura le temps de se livrer aux travaux plus délicats quand la saison est plus cruelle.

Le feu lui permettra de s'éclairer une partie de la soirée, les réunions seront faciles entre voisins, les causeries se multiplieront, les chants, les comparaisons du passé et du présent inaugureront les récits merveilleux, une morale s'en dégagera petit à petit, on se rappellera plus souvent le nom de ceux à qui la famille ou la tribu doit de grandes découvertes, le culte du souvenir, première étape de la reconnaissance, sera établi, on distinguera ceux qui étaient bons ou indifférents, courageux ou lâches, les notions du bien et du mal sortent de leur nébulosité et un rudiment de religiosité apparaît. On choisira pour succéder aux puissants qui meurent, des gens mieux cultivés au lieu du plus barbare, ce sacerdoce s'imposera de plus en plus et à mesure que le progrès moral se développe, un peu d'ordre succède à l'anarchie.

§

La chimie naquit en même temps que l'usage du feu. En essayant de nouveaux aliments, on remarqua leur effet d'autant mieux que quelqu'un en fut victime. Une première classification se fit. Cette modification qui nous paraît si simple, à nous, habitués dès notre enfance à ce procédé, était un pas capital, un progrès certain, la source de toutes les améliorations futures. L'hygiène et la médecine venaient d'être fondées.

§

A quelle époque et par qui fut employé le feu pour cuire les aliments? Voilà encore un point d'histoire resté obscur qu'il serait bon, surtout pour nous, cuisiniers, de pouvoir éclaircir.

La tradition qui, en somme, est un peu le reflet de l'histoire, car l'homme invente peu, nous représente Prométhée enchaîné sur un rocher, entouré de vautours qui lui rongent le foie sans cesse renaissant, et cela pour avoir mis au service de l'homme le feu qu'il avait dérobé au Ciel, afin de le rendre aussi puissant qu'un Dieu. C'est un peu la répétition de la phrase du serpent disant à Ève qu'après avoir mangé la pomme, elle pourra à son tour créer. On peut admettre et dégager de cette autre légende, que le feu du Ciel ayant incendié quelque forêt, et que quelque animal ayant fui à moité grillé, fut mangé et trouvé d'un goût supérieur. Alors, on conserva du feu précieusement pour cuire d'autre viande, et, peu à peu, on l'étendit à d'autres usages domestiques.

Les premiers philosophes, avec leur prescience innée de tout ce qui devait être utile au pouvoir, comprirent de suite le parti qu'ils pourraient en tirer; aussi, l'entourèrent-ils de vénération, de respect, d'attentions soutenues et lui consacrèrent-ils ce qu'ils estimaient au-dessus de tout : La femme jeune, belle et vierge.

Il était entretenu dans une enceinte aussi riche que sacrée, réservée au grand sacerdoce, et les vierges se succédant jour et nuit, devaient l'entretenir dans un état de pureté, dont leur chasteté éternelle devait être la garantie. Se doutaient-ils, déjà, qu'il était destiné à faire les plus belles conquêtes de l'homme : La force et l'agilité, c'est-à-dire la vapeur et l'électricité !

N'a-t-il pas supprimé les distances en les raccourcissant, doublé la longueur du jour en supprimant la nuit ; permis les travaux souterrains et l'extraction des richesses enfouies dans le centre de la terre ; l'exploitation du fond de la mer et le percement des tunels de toutes sortes ; la création de phares qui suppriment tant d'écueils dangereux, redonnent le courage et la force aux marins désespérés ? Il délasse et réconforte ; égaie et attendrit ; guérit et assainit.

Sans lui, aucune fête n'est possible, aucune joie n'est permise. Quelle tristesse dans les soirées hivernales ! Quelle monotomie dans les repas !

Auraient-on jamais créé les Beaux-Arts si le feu n'eut été mis à la dispositiom de l'homme ?

Si Prométhée paya de sa vie le bienfait de l'avoir mis à son service, ce fut un crime monstrueux, contre lequel tous les cuisiniers doivent protester, car ce fut notre premier ancêtre, le maître de nos arrières-maîtres, celui qui nous valut Carême, E. Bernard, etc., etc. Qu'il reçoive nos hommages. Car, il est bon de remarquer que jusqu'ici le mot de cuisine, de coction, ne pouvaient être prononcés ; par conséquent, sans cuisson, pas de cuisinier.

§

Nous avons vu que dès l'époque tertiaire en général, le feu était utilisé, ce qui le fait remonter à la plus haute antiquité. Les Brahmanes de l'Inde l'employaient pour faire bouillir l'eau et la débarrasser de toutes les impuretés qu'elle contenait. Peut-être leur doit-on aussi la coutume des condiments. L'eau bouillie prend un goût fade qu'une pincée d'aromates devait corriger, leur pays en étant abondamment pourvu ; l'idée peut leur être venue d'en jeter une pincée dedans pour en corriger le goût désagréable.

Dans tous les cas, la véritable cuisine, comme aussi les premiers festins, durent nous venir de ces contrées si merveilleusement favorisées par un climat exceptionnel. A cet essai d'épices, on ajouta des fruits (à moins que les fruits aient précédé les épices), puis ce fut au tour des graines, du miel, et les boissons artificielles vinrent doubler l'attrait du repas en donnant aux convives un peu plus de gaîté. L'esprit acquit plus de vivacité, les sentiments se multiplièrent et se rafffermirent. Le cœur de l'homme acquit plus de fermeté, la bienveillance créa la politesse et, dès lors, les festins eurent un éclat inconnu jusqu'à cette époque qui précède directement la création des Beaux-Arts.

On serait fondé à supposer que, dès cette époque aurorale de la cuisine, la fonction de cuisinier devait être dévolue aux plus instruits, aux hommes d'expérience, à ceux qui étaient en quelque sorte les *médecins* de la société, qui devaient en être également les censeurs.

« Le ministère de cuisinier exige, outre une santé à l'épreuve de la chaleur et de la fatigue, des sens exquis, un savoir étendu, le tour de main artistique, presque les illuminations du génie. » (1)

(1) Marcel Charlot.

Les cuisiniers furent de tout temps industrieux, puisqu'on trouve dans l'histoire des preuves que Cadmus, ancien cuisinier du roi de Sion, apporta l'écriture en Grèce.

Ce n'est que plus tard, quand la guerre aura divisé les peuples en nations ennemies, que la guerre sera presque permanente, que la cuisine sera dévolue aux esclaves, aux prisonniers, aux infirmes et aux femmes, pour laisser aux plus valides le droit et le devoir de défendre les pénates, le camp et la cité.

Les repas décrits par l'inimitable Homère attestent de la façon la plus formelle que les grands de l'époque, recevant quelqu'un de remarquable, ou bien voulant conserver le souvenir d'un fait mémorable, préparaient eux-mêmes le dîner, découpaient les pièces, servaient les meilleurs morceaux aux convives de choix, et que, seulement après s'être restaurés, les hôtes étaient interrogés sur le but de leur voyage, de leur besoin ou de leur mission.

C'est également dans les festins que l'on traitait les choses publiques, alliances sociales, civiques ou familiales, déclaration de guerre, traité de paix ; les intérêts publics et privés y étaient également débattus.

Les sentiments d'une amitié aussi tendre qu'élevée, exprimés par l'irritable Achille, après la mort de son ami Patrocle, la haine farouche qu'il voue à Hector, qui l'a vaincu et terrassé, nous prouve également que dans les repas de deuil on prononçait des harangues, soit pour célébrer les vertus du mort, soit pour déclarer les sentiments inspirés aux survivants par un événement funèbre et trop souvent tragique.

C'est également dans les repas publics que s'élaboraient les lois, que le civisme se développait, par l'habitude de faire l'éloge des ancêtres ayant laissé des traces glorieuses, une découverte, un succès agricole ou guerrier, un haut fait quelconque.

C'est aussi à table qu'étaient décrétés les deuils publics ou les réjouissances après un succès ou une défaite éprouvée par la colonie ou le chef, voire même une famille supérieure.

Aucun autre acte de la vie journalière n'était comparable, par sa solennité, à celui qui réunissait les convives à une même table. C'était, dans toute l'acception du mot, un acte religieux et religieusement accompli. Après des ablutions, l'offre des fleurs, l'offrande aux Dieux précédait celle faite aux pauvres.

Le respect témoigné aux vieillards, qui occupaient les premières places, la généreuse hospitalité offerte aux voyageurs, aux étrangers, en faisaient de véritables repas d'immortels.

Combien, sous ce rapport, le repas s'est modifié ! C'est peut-être à sa banalité actuelle que l'on doit tant d'indifférence pour la chose publique et tant d'irrespect pour les choses sacrées.

Rien ne se prêtait mieux, en effet, pour développer les sentiments altruistes, comme ces repas en commun. C'était un développement continu et incessant des qualités de chaque convive.

La franchise de la critique était égale à l'audace des innovateurs, et la censure qui s'y exerçait était aussi rapide que généralement juste. Ceux qui, comme moi, ont assisté à ces repas d'ancêtres, dans le vieux Languedoc, n'oublieront jamais le charme, le sérieux et la bonté qui y présidaient, l'accueil fait au mendiant récitant un pater, la pensée touchante de la maîtresse du logis, envoyant porter aux impotents et aux voisins besogneux la part qui leur était dûe ! Dans ma tête d'enfant ces choses se gravèrent, et aujourd'hui encore j'admire ces mesures patriarchales et mon affectueux et pieux souvenir grandit pour les parents si bons qui les pratiquaient avec si peu d'ostentation.

... Comme tout convive était doublé d'un cuisinier, la vérité devenait une nécessité, si on tenait à se faire remarquer. Si on voulait surpasser celui qui traitait la veille, on essayait de nouvelles combinaisons. On envoya alors au loin chercher des provisions inconnues au pays; l'émulation, ce ressort du progrès, fit faire de nouvelles combinaisons, on essaya d'autre chose que du rôti, on mélangea les viandes avec les légumes. Celle-ci étant bouillie ou braisée fut servie avec les ingrédients de la cuisson, les sauces trop longues furent liées, et l'aurore du potage, ce succulent apéritif qui doit précéder tout dîner sérieux et confortable, apparut à ces raffinés de la deuxième époque.

La cuisine commença, dès lors, son évolution artistique et les premiers écrivains culinaires ne tarderont pas à naître.

A tous ces progrès réunis le repas devait des complications. Le vin, dès son apparition, qui doit être fort antique, influa autant que le feu sur la prolongation des repas. L'habitude d'en boire beaucoup à la fois, délia souvent la langue des plus moroses, mais comme l'élément féminin n'y était guère représenté, tout au moins sous la forme de *convive*, les beaux arts furent longs à apparaître au milieu des festins.

La chanson guerrière ainsi que la lutte y étaient bien

obligatoires ; la chaleur des combats, la joie de la victoire, la douleur de la défaite y furent également exprimés, mais l'amour, ce magicien sublime, y était encore presque étranger.

L'audace culinaire s'accentuant, les mets vinrent de plus en plus des contrées inconnues, soit qu'ils fussent avariés par le voyage, mal préparés ou dangereux, il y eut quelque mort violente, on essaya par petites quantités sur des animaux ou sur les esclaves, on observa les effets que l'on consigna, et la médecine, cette sœur cadette de la cuisine était fondée définitivement.

Le besoin d'essayer et de comparer est si naturel à notre espèce, et d'autre part le changement si nécessaire, que l'on dut, dès cette époque, faire des essais de tout : on visita les pays de plus en plus, les voyages furent facilités par la création de la navigation, par l'art de conduire les chevaux, l'idée d'emporter des modèles, créa la sculpture et le dessein, le commerce s'agrandit en même temps que les besoins d'échange ; l'écriture deviendra nécessaire pour emporter les preuves des traités passés ; on échangera mieux les idées, les coutumes se modifieront ; les tribunaux restés rudimentaires jusqu'alors deviendront cosmopolites, et la fonction de juge cessera d'être gratuite.

Le repas qui jusqu'à la découverte du feu n'était qu'une nécessité corporelle, familiale ou civique, devint social avec cette nouvelle modification. Le vin le rendra artistique en provoquant la naissance des Beaux-Arts.

ÉPOQUE SACERDOTALE

Le progrès social s'accentue à mesure que l'ordre se développe : la division des fonctions fit connaître leur importance en même temps que la nécessité d'avoir des fonctionnaires sérieux.

La médecine, de même que le sacerdoce était dévolue aux plus anciens à cause de leur expérience, de leur sagesse, du calme qu'impose le refroidissement des passions, l'autorité que donne une vie remplie d'honneur et de probité, permit à ceux-ci d'être débarrassés de tout travail manuel et leur laisser quelque loisir.

Ils en profitèrent pour faire de nouvelles études et de nouvelles expériences, les observations qu'ils exprimèrent en termes précis, courts et lucides, devinrent en même temps que les premières lois d'hygiène publique, le premier classement méthodique des aliments en purs, impurs, hygiéniques ou malfaisants, bons ou mauvais, rares ou communs. Ce choix fit réfléchir également sur leur degré de conservation et suivant la facilité de se les procurer, on les destina à être mangés par époques ou saisons, on réserva les meilleurs pour les puissants ou méritants ; mais pour que ces lois ne fussent pas violées, surgit un autre problème : Comment défendre aux producteurs de manger ceci ou cela ? Ils eurent recours à la ruse et menacèrent du châtiment céleste quiconque mangerait tel et tel aliment, boirait telle boisson, tel jour, à telle époque ou à telle saison sans leur autorisation. Quelques exemples bien choisis et une bonne punition eurent vite appris au vulgaire que la menace était suivie d'effet, et leur pouvoir fut assuré.

Du reste, la puissance militaire ayant besoin du ministère sacerdotal pour soulever les masses à l'occasion d'une invasion projetée, prêtera main-forte au sacerdorce et, au besoin exécutera ses sentences. Dès lors, le repas devient religieux ; il sera réglé, méthodique et plus sain, on en fera le préparatif d'un acte important comme une déclaration de guerre, la veillée d'une bataille, une punition du ciel en cas de maladie ou de désastre occasionné par la nature ; le préparatif obligé d'une fête sociale, d'un souvenir historique. Moïse, cet admirable législateur poussera ce système si loin qu'il en fera un type éternel. Se disant l'interprète de la toute puissance divine, il prouvera le néant de l'homme en en condamnant des milliers au supplice pour avoir désobéi aux lois qu'il avait édictées.

(La profondeur de ses pensées, la rapidité de ses mouments, la grandeur et l'audace de ses expressions, sont hors de toute portée, il nous subjugue sans que nous osions penser à lui résister. Il s'est montré de son temps un génie redoutable par une profondeur et une adresse infinies) (1).

Frappé de douleur en voyant la maladie décimer le peuple hébreu qu'il venait à grand peine d'arracher des mains du Pharaon de l'époque, Moïse se retire sur le mont Sinaï pour y méditer le problème de sauver malgré lui, ce peuple qu'il aime et qu'il veut rammener dans son pays.

Là, impénétrable et solitaire, il élaborera les *dix commandements* qui doivent le sauver, parce qu'ils renferment à la fois la manière de se nourrir, de se

______
(1) Courtin et Aubry de Saint-Victor.

comporter avec ses semblables et avec les siens. La nature l'aide dans ses desseins. Un orage aussi rare dans ses contrées qu'opportun pour ses vues, lui donne l'occasion de présenter les tables de la loi qu'il vient, dit-il, de recevoir des mains de Dieu lui-même, plein de courroux et prêt à sévir contre un peuple qui n'adore que l'or, et, au nom de ce Dieu dont ils viennent d'entendre la voix terrible, il en condamne une partie à la mort, l'autre à la pénitence (1).

Il impose en même temps des soins hygiéniques spéciaux, défend tel aliment, ordonne l'autre à tel jour, à telle heure, et fait précéder ces repas de formules sacrées qui doivent le lui rendre plus cher et plus précieux. Le repas entre dès lors dans la phase religieuse proprement dite, et pas un grand fait historique ou sidéral ne s'ac-

(1) Il y a un an, Loti s'est embarqué pour le Sinaï et la Palestine Que lui a dit cet amoncellement de rochers dont les Hébreux avaient emporté une si vive image? M. Loti, comme les contemporains de Moïse, y a-t-il vu Iahvé? L'illusion pour lui n'était pas possible. Pas un éclair sur ces sommets, pas un éclat de tonnerre dans ce grand silence; mais la neige, comme une laine, s'étendait lentement sur le granit des montagnes. Rien du Sinaï de l'Exode dans cette terre glacée.

A quoi tiennent les dieux et leur histoire? Si les Juifs avaient passé par là, dans la même saison que M. Loti, quand le blanc suaire couvre les rochers, il est certain qu'ils n'auraient pas un instant songé à placer dans cet endroit, la révélation d'Iahvé, dieu de l'orage. Les grandes destinées des dieux comme des hommes sont attachées à ces petites circonstances. En retour, si M. Loti avait aperçu, dans la lueur des éclairs et au bruit de la foudre plus formidable ici qu'en aucun lieu du monde, la montagne très sainte, il n'eût peut-être pas éprouvé le même désenchantement religieux et n'eût pas écrit: « Fini, tout cela, elle est vide à présent, comme le ciel et comme nos modernes âmes; elle ne renferme plus que de vains simulacres glacés, auxquels les fils des hommes auront bientôt cessé de croire ». E. LEDRAIN, mars 95.

5

complira sans que le repas en soit la préparation, le remerciement ou la conséquence.

Il sera pris debout ou assis, chaud ou froid, composé de pain, de viande, ou seulement de poisson ou de légumes.

REPAS DES GRECS

Aucune histoire ancienne n'est complète si elle n'est précédée et éclairée par celle de ce peuple, éternel modèle du genre humain.

Celle du repas y trouvera des leçons grandioses, aussi croyons-nous utile, d'y jeter un coup d'œil d'ensemble afin de nous pénétrer de l'importance que ce peuple accordait à la manière dont les repas étaient absorbés, et aussi aux aliments dont ils étaient composés.

A Sparte, quand l'embonpoint dépassait une certaine mesure, on imposait une amende. Ce point seul nous prouve la valeur d'un pareil jugement.

Les Grecs d'Athènes furent devancés par les Siciliens, les Thébains, les Elodiens pour la somptuosité et l'abondance qui régnaient dans les festins.

Mais les Athéniens surent bientôt prendre la tête du mouvement.

Archestrate lié avec un des fils de Périclès, parcourut le monde connu, uniquement pour en étudier les plus fameuses cuisines et s'entretenir avec les plus doctes suppots de la gourmandise, aussi son poème a l'autorité d'un vrai code à l'usage des gourmets de l'époque.

Dès le principe de la colonisation, la Grèce s'adonna à la bonne chair. Athénée, dans le *banquet des savants*, nous donne une idée très exacte de la variété des mets, de la richesse du service et aussi du peu de décence qui régnait dans un repas de noces.

Il y a un trait assez piquant qui nous montre également combien l'homme était encore enfant et naïf, et combien ce que nous appelons *la dignité personnelle* était peu développée. « Un convive, ne pouvant vider sa coupe, se trouvait ne pouvoir l'emporter ; aussi gémit-il assez fort pour que Caranus, le maître de céans, lui fit cadeau, malgré son défaut de *capacité*, de l'objet convoité (1). »

Quant aux Héros d'Homères, la moitié d'un bœuf, un porc de cinq ans, une demi. douzaine de moutons grillés à la pointe des piques, tels étaient les hors d'œuvre qui remplaçaient à leur dîner nos modestes *émincés* (2).

Il était donc urgent de prendre des mesures sévères pour éviter la famine, surtout à un peuple qui voulait devenir conquérant. Pour cela, Lycurgue fut aussi habile que législateur prudent, en donnant à Sparte les lois que son génie avaient dictées. Il ordonna, sous peine de bannissement, de manger en public et de ne manger que d'un seul mets. Chacun devait contribuer, par un apport d'aliments et de quelque menue monnaie, aux frais généraux. Le repas devint alors national et garda ce caractère grandiose jusqu'à la décadence de la Grèce ; malgré les efforts de Solon, qui voyait bien que le luxe frivole des Hétaïres entraînerait la perte de la liberté et celle de la nation.

(1) *Les Classiques de la Table*. J. Améro.
(2) Docteur Réveillé, Parise.

Les lettres à peine nées, les Beaux-Arts radieux se voilèrent la face ; on condamna à l'exil les citoyens vertueux et d'autres à boire la ciguë ! Ceci jette un voile de deuil sur cette époque remarquable.

Trois termes ont gouverné jusqu'ici l'Humanité à table.

Dès l'époque primitive, il fallait la quantité et non le choix : c'était l'époque gloutonne.

Dès la naissance des Beaux-Arts, il fallait la quantité choisie : c'était l'époque gourmande.

Maintenant, c'est la qualité qui prédomine, à condition que la variété y soit assimilée : c'est l'époque raffinée où l'on devient gourmet dans toute l'acception du mot. On pontifie à table.

Croyez-vous que la cuisine de Carême eût été appréciée à sa valeur si Brillat-Savarin n'eut écrit sa *Physiologie du goût* ? n'a-t-il pas, mieux qu'aucun artiste, enseigné l'art de bien manger ?

§

Nous ne parlons pas à dessein du Végétarisme, car cela nous paraît un non sens. S'il nous était permis de dire toute notre pensée, nous dirions que c'est le célibat imposé à l'estomac. On n'est végétarien, selon nous, que si les provisions manquent ou par conviction ; c'est alors un article de foi que l'on ne saurait assez combattre, car si le végétarisme se généralisait, il aurait pour la France d'aussi funestes résultats que le monachisme en produisit au moyen-âge : le commerce et l'agriculture en seraient paralysés.

La faim, la soif, la chaleur, le froid, l'humidité, la

sécheresse, etc., etc., ont primitivement excité, seuls, l'activité humaine ; puis sont venus peu à peu des besoins plus complexes qui se sont aujourd'hui extrêmement variés et vont se multipliant à mesure que le bien-être croît, que les plaisirs se varient, que les connaissances s'étendent, que les communications se font plus commodes et les relations de peuple à peuple plus suivies.

Ce sont ces besoins si longtemps ignorés des peuples primitifs, si peu cultivés aux temps de barbarie qui ont donné l'essor à l'échange, forcé peu à peu les créations industrielles et sont devenues les principales ressources du commerce et de l'agriculture. Donc le végétarisme remonterait en arrière et arrêterait l'élan acquis avec tant de difficulté.

« Rien n'est absolu, tout est relatif ». Cette donnée philosophique est également vraie pour l'hygiène alimentaire. Tel estomac se contente de ceci ; à tel autre, il faut autre chose ; à tous, il faut le nécessaire.

§

Le commerce d'une nation est comme le thermomètre de son degré de civilisation. La Grèce fut la première puissance d'Europe qui s'adonna au commerce proprement dit, car il consistait en échanges suivis avec des peuples différents par le moyen des colons qu'elle expédiait sur des territoires situés loin de la mère Patrie. Venus eux-mêmes, dès la plus haute antiquité, coloniser la Grèce, ils ne faisaient que suivre l'impulsion héréditaire, mais leurs qualités rares, acquises par un continuel entraînement, imposé d'abord par leur isolement, ensuite par le peu d'extension de leur petit pays, en firent un peuple réellement colonisateur et commerçant.

Ces échanges avec des pays aussi riches et luxueux que les Perses, les Macédoniens, etc., etc., leur donnèrent peu à peu le goût du bien-être et de la bonne chère, aussi, dès que la lutte pour l'existence de leur pays est à peu près terminée, se laissent-ils aller à un penchant d'autant plus naturel que l'intelligence du peuple est plus élevée, plus disposée par une culture mentale à accepter tout ce qui est beau.

§

C'est dans l'Orient qu'ont été donné les premiers grands festins. Lisez la Bible, lisez la description des repas que faisaient les Patriarches, et cette vérité, qui n'est pas neuve, du reste, vous sera clairement démontrée. Deux exemples suffisent. Le vénérable Abraham reçoit un beau matin la visite de trois anges (qui nous font l'effet de trois jeunes hommes blancs de peau) à figure humaine, il leur sert un veau tout entier plus trois mesures de farine pétrie et cuite sous la cendre, ce qui, en réduisant à un quintal le poids du quadru-prède, établit un poids de vingt-six kilos par tête, vin, potage, entremets et dessert non compris. Plus modeste dans ses goûts, Isaac, l'époux de la tendre Rebecca, se contentait pour déjeuner d'une couple de chevreaux... (1).

Esaü vendant son droit d'aînesse pour un plat de len-tilles, prouvait également à quel point *l'art de la gueule,*

(1). J. Amèro, *Loco citato.*

commençait à se répandre et à être apprécié. Les productions de ces belles contrées, pays des épices, excitèrent le palais et l'imagination. Les Athéniens par leurs visites répétées et leur disposition à adopter tous les progrès, emportèrent à Athènes ces modes nouvelles, et malgré la défense des lois antiques qui s'opposaient à l'introduction de tout ustensile de table, de cuisine ou de luxe, finirent par s'imposer. Avec leur goût raffiné et leur instruction supérieure, les Athéniens eurent vite dépassés leurs initiateurs; et comme tout ce qui est nouveau est beau, une défense en interdisant l'usage ne fit que lui donner plus de prix, la mode se fit soudain impérieuse, la loi grecque fut trouvée caduque, un revirement national complet s'imposa.

Celà nous permet de conclure que le véritable moment de progrès culinaire grec eut lieu vers l'époque qui précise l'apogée de la Grèce, et que ce pays si merveilleux, à tant de titres, entra dès lors dans la décadence, malgré les beaux dîners, les belles lettres, les philosophes et les guerriers qui surgirent pour défendre le sol de ce coin béni et honoré des Muses et des Grâces.

Les festins grecs éveillèrent l'envie des Romains qui venaient à leur tour s'instruire chez eux. et comme il est fatal que le nord subjugue le midi, celui-ci étant toujours le premier à jouir de l'opulence et l'autre à la désirer. L'envie des Romains se borna d'abord à les imiter, puis à les soumettre, enfin, à les surpasser. Pour la politique perfide de Rome c'était tout simplement une question de temps et d'opportunité, mais, n'anticipons pas.

Les Grecs faisaient dès le principe trois repas, puis ils en firent quatre. Mais ce n'était en somme que des pique-niques, puisqu'ils apportaient chacun leur écot. Les festins n'eurent lieu que plus tard et après les conquêtes.

§

Nous avons vu que la loi de Lycurgue les forçait de manger en commun, et cette coutume qui de Sparte s'était étendue sur la Grèce faisait de ce petit peuple un peuple de héros. Après la conquête de l'Asie et l'introduction du luxe asiatique, les Grecs s'abandonnent sans réserve, et nous voyons le repas se composer de trois parties bien distinctes :

1° Les hors-d'œuvre aussi nombreux que variés ;
2° Les viandes de toutes les latitudes connues ;
3° De toutes les douceurs possibles.

On faisait un menu afin de pouvoir fixer son choix. Les coupes énormes, entourées de fleurs, étaient pleines jusqu'au bord et on en vidaient beaucoup plus qu'il était nécessaire pour conserver sa raison. On dit, pour pallier ce défaut, que c'est dans ces repas somptueux que naquirent les chefs-d'œuvre laissés par cet immortel pays et ces non moins immortels artistes. Quand l'homme est réduit à de tels excitants pour produire, le terme de l'inspiration nous semble sonné.

Il nous est difficile de croire que le repas est devenu artistique et religieux, c'est-à-dire le but d'une doctrine nouvelle, d'un enseignement supérieur, d'une conception morale, malgré les lois du pays, sans qu'il y ait une lutte sociale : l'époque de la Renaissance nous donnera l'occasion d'y revenir avec des preuves à l'appui.

Il nous semble plutôt qu'il devint plus voluptueux qu'artistique. plus licencieux que moral.

Il n'en faut pas moins dire qu'une évolution majeure avait changé toutes les habitudes qui avaient jusqu'ici dirigé les repas.

Les tables des festins s'enrichirent, les services se scindèrent, les serviteurs furent mieux éduqués et plus propres. Les cuisiniers furent beaucoup plus nombreux et plus instruits : Théotime nous raconte que quantité de gens écrivirent des traités sur le premier des arts, étant celui qui procurait le plus de plaisirs et les plus durables.

Il nous dit aussi (ce qui n'a guère changé) que les cuisiniers commençaient à avoir le caractère peu commode et prêtaient par leurs manières au ridicule. Aussi se croit-il obligé de les défendre en disant : « Que celui qu'il avait fait venir de Syracuse l'étonna par son érudition et ses qualités administratives ». A tous ces progrès réunis, la Grèce dut un éclat sans rival à l'époque, mais c'était un faible bouclier à opposer à l'ambitieux et valeureux romain : Ce peuple grec efféminé par les plaisirs, ne put résister à Philippe de Macédoine, pas plus qu'à Alexandre. L'alliance avec Rome leur sembla propre à conjurer leur perte, mais celle-ci, moins polie, mais beaucoup plus perfide, s'empressa de se l'annexer après l'avoir aidée à se défendre ; et dès lors une nouvelle ère commence.

ROME

Les romains, occupés à conquérir le monde, n'ont ni le temps. ni le goût assez cultivé pour redresser les tables bousculées par leurs cohortes, leurs généraux ne sont pas encore habitués à la flatterie ; leur sobriété est égale à leur courage et à leur amour de la Patrie. La gloire n'a pas encore étouffé la vertu dans ces natures d'élites ; la fréquentation orientale n'a pas encore amolli ces fibres d'acier, l'or n'a pas corrompu ces natures brutales, mais les plaisirs grecs et la séduction lente et continue de l'esthétique hellénique serviront de levain et disposeront la masse à l'oisiveté. L'ambition d'un César la fera éclore, et les romains, à leur tour, oublieront la Gloire et les Vertus propres à leur origine, leur mission civilisatrice, même leur indépendance !

On verra ces mêmes hommes, dont les moindres actions étaient héroïques, se laisser acheter par le seul plaisir de manger des heures entières, sans aucun souci de savoir d'où venait l'argent pour payer ces largesses, encore moins des intentions qui dictaient ces prodigalités ! On les verra, ces hommes, applaudir des fous couronnés, commettant les plus horribles forfaits, applaudissant aussi ces atroces combats des gladiateurs ; les fauves dévorant leurs frères ; l'incendie détruisant Rome !

Hélas ! quand ils furent repus et efféminés à leur tour par ces orgies continuelles, ces saturnales innommables, ils n'éprouvèrent d'autre regret que de voir la fin d'un régime qu'ils croyaient devoir durer éternellement et ils assistaient sans remords à l'écroulement d'un trône qui avait éclairé l'univers pendant tant de siècles, soulevé tant d'enthousiasme malgré les malédictions des peuples qu'ils avaient vaincus !

ÉPOQUE POLITIQUE

Les romains, maîtres du monde civilisé, imposant des lois à des peuples rivaux dix fois plus nombreux qu'eux n'auraient pu gouverner sans le secours de leur politique, qui était de diviser pour mieux régner. Aussi vigoureux d'esprit que de corps, assez souples pour s'assimiler les qualités maîtresses qui distinguaient les peuples vaincus, voulant en même temps rendre à ceux-ci leur dépendance moins pénible ; adoptèrent leurs Dieus et leurs coutumes et les transportèrent dans Rome, où tout ce qui avait un rapport quelconque avec la religion et les beaux-arts était honoré.

Les hommes supérieurs, sans distinction de race ou de nationalité, y furent accueillis et comblés d'honneur, mais malgré cette politique, ce qui devait fatalement se produire arriva. Cet élément perturbateur agit de tout son poids, l'ordre en reçut une atteinte grave et la décadence vint dès que la morale fut éliminée du pouvoir directorial.

Les Romains, qui, dès la fondation de leur Patrie, étaient d'une sobriété égale à celle des Spartiates, augmentèrent peu à peu le nombre des repas. D'un, ils en vinrent à deux, puis trois, enfin ils ajoutèrent le souper, quand, discutant les affaires politiques nombreuses, ils se réunissaient le soir chez un citoyen, mais cette frugalité républicaine ne résista pas longtemps à leurs premières conquêtes.

Peu à peu, l'idée ambitieuse de surpasser les peuples qu'ils conquéraient les poussa à un luxe effréné, le sybaritisme des nations efféminées de l'Orient les conquit à leur tour, et, comme eux, ils auront des lits magnifiques, des coussins et des matelas couverts de pourpre et d'or ; que le modeste banc des aïeux est loin de leur souvenir ! Les tables faites des bois les plus précieux ne sulfiront plus, il faudra les enrichir avec l'or, l'ivoire, le bronze et les bois précieux. De même que chez les Grecs, on prit le bain avant le souper, on se fit oindre le corps des parfums les plus rares, entourer la tête de guirlandes de fleurs. Alors commencèrent ces repas fastueux, dont la dépense et les mets inénarrables font pâlir nos grands festins, sous le prétexte d'imiter les dieux de l'Olympe.

Trimalcion veut donner un banquet sômptueux à quelques personnes ; ce n'est pas une entreprise aussi aisée qu'elle le ressemble d'abord, car les repas avaient acquis une grande importance : dans la société romaine, c'était à peu près tout ce qui constituait la vie du monde. Entre les grandes assemblées populaires sur la place publique et le cercle étroit et fermé de la famille, il n'existait que les repas où les amis, les membres des mêmes collèges, les gens qui se sentaient attirés les uns vers les autres par l'estime, la sympathie ou l'affection, pussent se réunir.

Caton disait que c'était là seulement qu'on *vivait ensemble*, qu'on avait eu bien raison de les appeler *convivia*. Aussi les avait-on soumis à des règles minutieuses et sévères. C'était un art si compliqué que le savant Varron n'avait pas dédaigné de s'en occuper dans un de ses livres : *Nexis quid vesper, sane vehat.*

César fait dresser seize mille lits et acheter dix milliers

pesant de lamproies pour offrir un souper à ses électeurs.

Lucullus emploie dix mille esclaves pour approvisionner sa table et une armée pour explorer des pays neufs, à la recherche de quelque fruit nouveau.

Ailleurs, Vedius Pollio, poussant la gourmandise jusqu'au crime, fait jeter dans son vivier deux ou trois esclaves coupés en morceaux, parce qu'on lui a dit que les brochets nourris de chair humaine ont une saveur exquise.

Enfin, sur toute la ligne, pour briguer les honneurs, il fallait entretenir des rastels monstres. (La pauvre vache à Cambon, de si joyeuse mémoire, nous montre la différence et aussi le peu de dignité qu'il y a à employer un tel mode de corruption électorale.)

Vitellius fait servir à son frère, deux mille poissons, sept mille oiseaux.

Celui-ci, lui rend son dîner et lui sert un bassin énorme rempli de foies de faisan, de langues de scarre, des cervelles de paon, d'entrailles de murène et une infinie multitude de poissons et d'oiseaux de grand prix, tandis que les esclaves sont plus mal nourris que des animaux, et quelquefois destinés à engraisser les poissons servis sur ces tables d'hallucinés ! Des chanteurs, des jongleurs, des danseurs et jusqu'à des gladiateurs exhibaient leur talent qui consistait à se tuer lentement ! à provoquer d'atroces grimaces chez le vaincu ! et quand les convives émus ou trop... embarrassés, sentaient leur estomac se soulever, ils allaient boire de l'eau chaude, se débarrassaient et recommençaient ! Peut-on faire l'éloge de tels repas ? les trouver dignes de l'admiration dont tant d'auteurs ont fait preuve? Nous qui considérons le repas, comme le miroir d'un peuple et l'instant le plus précieux pour l'éducation des enfants, le développement de l'affection familiale et de la culture mentale, ne pouvons être de cet avis, mais plutôt de celui de notre illustre maître, Carême, disant que : « la cuisine romaine était foncièrement mauvaise et atrocement lourde. » Nous aurons l'occasion de formuler un jugement plus sévère. César tenant table ouverte pour corrompre les électeurs; Antoine gaspillant la fortune de deux empires pour réaliser les caprices d'une femme aussi peu modeste que fantasque à l'excès, et faisant cadeau d'une ville à un cuisinier qui était parvenu à surexciter un appétit blasé par les plaisirs (1) ; Claude le plus... jaune des Empereurs passés et futurs, suspendant la majesté des tribunaux pour savoir si on lui donnerait des petits pâtés, d'après le marquis de Cussy ; du petit salé, d'après le Dr Roques (un érudit aussi). Domitien battant la générale en pleine nuit, réveillant Rome atterrée, réunissant les sénateurs tremblants pour savoir à quelle sauce le turbot Ionien sera mangé, etc., nous font voir par ces faits presque incroyables, à quel degré l'aberration de ce peuple était arrivé. L'orgie est devenue à la mode, les généraux dans les camps imitent leur Em-

1) Antoine faisant un cadeau royal à son cuisinier, avait la reconnaissance du ventre, à défaut de tout autre elle produisait un résultat appréciable. Mais Lucullus tant vanté par son luxe, nous prouve par sa réponse si souvent citée : Lucullus dîne chez Lucullus, la sottise et la suffisance du parvenu. Quelle différence avec la bonté d'Henri IV, partageant à la table familiale, le repas des meuniers chez qui il est obligé de loger, ou l'aile de poulet offerte par Louis XIV à Molière, bafoué par les courtisans, les obligeant ainsi à reconnaître qu'ils étaient au-dessous du génie et aussi peu aptes à apprécier le vrai mérite.

pereur, le soldat n'est plus qu'un instrument dans leurs mains insatiables de butin ; la clémence a déserté le camp romain ! Après la victoire on ne pense qu'à remplir les chariots de la dépouille des vaincus. Que Cincinatus était loin ! et combien Caton avait raison de se détruire. Le mal devint si général que cet excès fut le remède. Le peuple, dans un éclair de raison, vit la turpitude des grands, fit un retour sur le passé si plein de gloire, vit que seul il était coupable parce qu'il s'était laissé séduire ; que les guerres étrangères et civiles n'étaient alimentées que par le sang qu'il répandait pour les soutenir ; que ces sacrifices n'étaient plus au profit de la Patrie, il eut un soulèvement de dégoût et abandonna la partie.

Alors, on vit le peuple le plus grand, le mieux organisé, le plus valeureux que le soleil eut éclairé, sombrer en un clin d'œil, ensevelissant sous ses ruines un passé historique, héroïque et sublime. Ce peuple fait de héros, avait vécu !

Rome ne pouvait remplacer la Grèce sous le rapport social, encore moins artistique.

Chez elle, le militarisme était érigé en principe absolu. Tout par l'épée. Par conséquent, le commerce était une occupation négligeable, laissée aux étrangers ou aux gens impropres à s'enrichir par les conquêtes, ainsi que le firent les classes dirigeantes pendant plusieurs siècles dès le moyen âge. Elle était donc condamnée aux succès guerriers à perpétuité. Vaincre ou mourir, telle était sa devise et par nécessité et par raison. L'histoire nous prouve que tous les peuples conquérants sont fatalement voués à un effondrement plus ou moins lointain.

Si Carthage n'avait pas été divisée par la faction, nul doute qu'Annibal ne fut venu à bout des cohortes romaines et s'en était fait de l'empire romain. La joie du peuple, lors des victoires de Scipion l'africain, reste comme une preuve irréfutable des craintes qu'il avait eues sur le sort de leur pays.

ÈRE NOUVELLE

Dans cette période de deuil, de recueillement, produit par la réaction, de ressaisissement du peuple par lui-même, devant le dégoût soulevé par l'orgie qui avait suscité tant de colères, une transformation radicale du repas s'imposait. Le *panem et circensis* qui était le cri populaire de la Rome impudique et meurtrie des Césars devait être remplacé par une formule opposée, par un signe de ralliement, par une formule plus humaine que celle de Rome. « Aimez-vous les uns les autres, car tous les hommes sont frères » ne pouvait mieux convenir. Elle fut adoptée avec une foi telle que l'Espérance aux rayons d'or, illumina de nouveau un avenir qui paraissait si sombre.

Par une réaction toute naturelle, le régime nouveau imposa des règles sévères. Aux repas monstrueux, il opposa des repas frugaux et pris en commun, comme aux temps antiques des Lycurgue et de Romulus. On choisit le pain et le vin comme base fondamentale du nouveau culte ; une formule en précéda l'absorption. Un signe, qui devait faire reconnaître les frères entr'eux le jour du danger, fut créé, car on se doutait bien que les gens fastueux n'accepteraient pas sans lutter un régime qui non seulement abolissait leur puissance, mais était en outre une censure permanente et directe de leurs méfaits passés.

On décréta le partage du pain et du vin qui furent reconnus en même temps comme aliments de nécessité première, dont tout homme devait avoir sa part. La manière de rompre l'un, de boire l'autre, les ralliait à une opinion commune : le partage des biens, la protection mutuelle, l'amour du prochain ; et le progrès qui jusqu'ici n'était imposé que par les armes, allait se faire au nom de la fraternité et de la solidarité humaines. Le fort apprit qu'il devait sa protection au faible, aux femmes, aux enfants ; le riche, qu'il devait donner aux pauvres, l'esclave, qu'il était libre. Les femmes cessèrent d'être divisées par castes ; à toutes, il leur fut permis d'être mère et les enfants purent grandir sous leur protectrice naturelle. Les angles sociaux s'arrondirent : l'homme peut entrevoir enfin la paix sociale ; l'unité morale.

Epoque mémorable et féconde, qui éclaira d'un rayon d'or le sombre couloir des siècles passés, sois bénie.

Dix-huit siècles plus tard, une nation magnanime entre toutes, imitera ton exemple, imposera avec plus d'autorité tes principes immortels, parce que la pusilla-nimité qui t'étreignait en sortant de l'esclavage, sera inconnue de ces hommes courageux, vaillants et forts, qui, pieds nus et sans pain, trouvant le vieux continent trop étroit, vont implanter la liberté dans le Nouveau-Monde, et ce que tu ne pus faire, ô Rome, jusqu'alors indomptable, mais décadente, la France le fera en pro-clamant les Droits de l'Homme. La nuit du 4 août 1789 accomplira tes derniers vœux, et l'humanité marchera désormais vers son but final : la paix, le travail et l'industrie, la science et la philosophie.

§

Ce régime nouveau fut d'autant plus long et difficile à être accepté par le peuple, qu'il réprouvait toute lutte homicide et, qu'à cette époque on n'imposait les lois que par la force des armes. La persuasion et la bonté en étaient de bien passives, de bien frêles, pour venir à bout de cette barbarie léguée par tant de luttes séculaires.

Aussi cette révolution bénigne arrache-t-elle une exclamation curieuse à Montalembert : « S'il n'y a, dit-il, rien de plus abject que l'empire jusqu'à Dioclétien, il y a quelque chose de plus surprenant et de plus triste, c'est l'empire devenu chrétien. » Tocqueville, lui aussi, trouve que le christianisme n'a pas eu une heureuse influence sur la marche de la société, car elle lui paraît plus lâche, plus infirme, plus corrompue, parce qu'elle est plus hypocrite. Cela tient plutôt des influences du milieu dans lequel il prit naissance.

Nous avons vu l'influence romaine diminuer : 1° par un luxe insolent qui excita des jalousies ; 2° par des conquêtes trop étendues et trop mal soutenues ; 3° par l'acceptation de tous les cultes. Ces trois facteurs firent surgir des besoins nouveaux que le pouvoir romain devait prévoir, ce qu'il ne fit pas. E. Renan, avec sa sagacité habituelle, le disait dans sa première conférence à Londres, le 7 avril 1880.

« L'importance donnée aux questions sociales est toujours à l'inverse des préoccupations politiques ; de

même « le socialisme prend le dessus quand le patrio-
« tisme s'affaiblit ». Le christianisme fut l'explosion
d'idées sociales et religieuses, à laquelle il fallait s'attendre, dès qu'Auguste eut mit fin aux luttes politiques (1).

L'envahissement de Rome par tant de cultes étrangers, dans un moment où le patriotisme se mourait,
préparait l'éclosion et l'acceptation d'un culte nouveau.
Si Jésus avait eu des idées plus larges, plus neuves,
mieux arrêtées, qu'il eût eu l'ampleur d'un législateur
comme Moïse, il aurait peut-être donné naissance à une
Ecole nouvelle, au lieu de devenir lui-même une religion... Un christianisme hérissé de dogmes, se serait
heurté dès ses premiers pas dans le monde, à des obsta-
cles insurmontables. Sa souplesse, son élasticité, nous
n'osons dire sa plasticité, lui ont permis de durer.

Libre de tout bagage, ne vivant que d'un souvenir
et d'une espérance, ne prêchant rien de plus que la foi
en Jésus, s'attachant plutôt à son nom et à sa personne,
qu'à ses actes et à ses leçons, il a pu s'adapter à tous
les besoins, se prêter à toutes les transformations exi-
gées par les pays et les âges qu'il a traversés (2).

Ces citations, dont nous demandons pardon au lecteur
d'avoir abusé, nous semblent répondre à bien des questions posées au sujet de cette époque mémorable et de
la brutalité de scission qu'il y eut entre le passé et l'a-
venir daté de cette Ère qui, certes, n'est pas, elle aussi,
sans reproches, mais qui eut la gloire d'inaugurer la

(1) En quel temps le christianisme est une œuvre romaine. (Le
Temps, avril 1880.)

(2) E. Campion, *Philosophie de l'Histoire.*

nouvelle manière de servir les repas, en y introduisant plus d'uniformité, plus de décence, plus d'égalité et d'économie.

CATHOLICISME

Tous les régimes poussent les règles jusqu'à l'absolu : celui-ci n'y faillit pas, aussi provoqua-t-il des schismes dès sa naissance.

Le catholicisme, succédant au polythéisme, ne fit qu'exagérer les règles de sobriété qui faisait sa force parce qu'il arrivait en temps opportun. Il en fit de même pour l'amour des richesses qu'il fit dégénérer en mépris, et alors sous le prétexte de gagner le ciel, par le désintéressement et la pauvreté, on se faisait mendiant, moine ou cloîtré quelconque, afin de pouvoir passer la vie entière en prière, en contemplations de même que les bonzes orientaux. Le culte de la croix excitait un tel enthousiasme, que le martyre le plus atroce était à peine capable d'assouvir la soif de sacrifices consentis pour atteindre ce but, si ardemment désiré, d'aller s'asseoir à côté du Crucifié. C'est en voyant cet élan unanime des premiers chrétiens à se sacrifier pour faire vivre un culte qui les avait conquis, que l'on regrette amèrement qu'il n'ait pas été basé sur une philosophie plus positive, telle que la comprenaient Platon, Socrate, Sénèque, etc., etc. Elle n'aurait pas dépassé la mesure comme le christianisme le fit, et n'aurait pas versé dans le mysticisme aiguë, extatique, qui ne tarda pas à changer de forme une troisième fois et devint un cas pathologique presque occidental.

§

Le catholicisme qui était un progrès réel, un régime bienfaisant, allait tout retarder si un fait capital, par les suites qu'il eut sur la destinée des peuples occidentaux, n'avait surgi à temps, pour l'enrayer sur la pente fatale où il était entraîné et l'empêcha de sombrer.

MOYEN-AGE

On place généralement l'origine du moyen-âge vers l'an 1,000 et sa fin vers l'an 1,453, époque où les turcs prirent Constantinople. Pendant cette époque, les nations modernes se fondent définitivement et passent de l'oligarchie à la monarchie. Vers la naissance de cette époque et à la suite d'un de ces désirs extravagants d'extase religieuse si communs alors, la guerre sainte, ou croisade, est déclarée à un peuple puissant, presque inconnu des Francs, et notre Patrie, à peine formée, est près d'y voir partir jusqu'aux femmes.

A peine quelques centaines de voyageurs avaient visité l'Asie. L'imprimerie n'étant pas inventée, l'instruction était dérisoire. Quand les portes de l'Asie furent franchies une première fois par ce pèlerinage national, mal armé, mal préparé, d'une naïveté telle que l'on se demande comment il a pu revenir de cette héroïque et sublime folie, un seul survivant pour nous retracer les terribles souffrances, ainsi que les privations sans nom endurées sur une terre si peu hospitalière ; après de si longs et pénibles combats soutenus contre des guerriers aussi valeureux que peu pitoyables ! Enfin, après une lutte aussi opiniâtre que sans merci, doublement dangereuse pour les Francs, entre l'islamisme et le catholicisme, la bataille finit faute de combattants. De nouveaux efforts, de nouveaux sacrifices sont faits. Les lieux saints (but de cette expédition plus poétique que pratique), tour à tour conquis et reconquis, sont enfin abandonnés à leurs véritables maîtres.

§

La tranquillité renaît : on panse ses blessures ; mais cette fréquentation deux fois séculaire d'hommes d'élite, de valeureux guerriers, devait apporter une modification profondément sociale, et laisser des traces ineffaçables dans les Lettres, les Beaux-Arts et les mœurs de notre pays.

L'art mauresque si gracieux, si original et délicat, frappa les imaginations chevaleresques de ces hommes hardis, mais naïfs encore, partis en guerre loin de leur foyer et de leur Patrie, d'autant plus portés à admirer le beau que leur sacrifice n'avait d'autre motif qu'une spéculation poétique et religieuse, à la conquête d'une terre qu'ils appelaient SAINTE parce qu'un illustre martyr l'avait arrosée de sueur et de sang pour acheter, disaient ils, leur rédemption.

Ceux qui furent assez heureux pour revenir rapportèrent à leur amie, à leur dame, comme ils l'appelaient, les objets les plus précieux et délicats qu'ils avaient trouvés. La mode s'en empara et les artistes de l'époque durent sacrifier au goût du jour, sous peine de déchoir. Ils imitèrent sans se débarrasser de leur manière native, de leur originalité propre et l'oriental se mêlant à l'oc-

cidental, donna comme résultat ces inimitables chefs-
d'œuvre de la renaissance.

Les musées pas plus que les expositions publiques
n'étant fondées, on ne pouvait donc exhiber ces chefs-
d'œuvre qu'à table. Les repas profitèrent de ce nouvel
éclat et au lieu de continuer à être les conséquences
d'un besoin nutritif, légifère, orthodoxe ou national,
ils devinrent le but d'une exposition artistique privée.

Les chevaliers invités à ces repas, firent le récit de
leur voyage, retracèrent le tableau des mœurs qu'ils
avaient remarqué dans les pays visités. La charité,
surexcité par les souffrances et les privations supportées
à l'étranger, avait développé leur affection pour la
famille dont ils étaient séparés, car rien ne purifie
l'attachement comme l'absence momentanée et l'amour
devint un besoin du cœur.

Il faudra créer de nouvelles phrases pour exprimer
cet attachement plus délicat, subir certaines épreuves
pour avoir le droit de rendre hommage à la personne
aimée On créera les tournois poétiques et guerriers,
où les couleurs de l'amie seront disputées jusqu'à la
mort, les sérénades importées d'Italie rehausseront la
déclaration et les deux sœurs jumelles ; la poésie et la
musique feront désormais partie de toutes les réunions
qui prendront le nom de « cour d'amour ». Mais, avant
que la nouvelle société soit affermie et marche d'un pas
assuré vers les nouvelles et brillantes conquêtes qu'elle
laisse entrevoir, que de sang, que de larmes, que de
luttes et de combats !

§

Tantæ mollis erat !

L'exclamation de Virgile s'applique encore mieux à la France qu'à Rome. La Patrie coûta cher à fonder ! (1)

Avant que la Révolution sorte du mouvement qui se prépare dès cette époque, quel travail à accomplir, que de choses à créer, que d'autres à démolir ! Plus encore que les luttes sanglantes, les doctrines soutenues par Pierre l'Ermite, saint Benoit, saint Bernard, contre le célèbre Abeilard et les libéraux catholiques devaient amener la ruine de la France déjà si éprouvée par les Croisades qui avaient enlevé tous les hommes valides. Les terres incultes ne produisaient plus ; la folie du cloître achevait de pousser le célibat à sa dernière limite ; les bras manquaient aussi bien pour se défendre des invasions que pour le travail. Les pauvres se vendent pour un peu de nourriture, les riches ayant mis en gages leurs domaines pour aller aux Croisades, se voient en partie dépossédés. Ils choisissent un patron, ou, levant une troupe de pillards, commettent toute sorte d'exactions. Tout individu isolé se voit à la merci de celui qui est mieux armé : aussi s'enrôle-t-il sous les ordres de qui lui assure la subsistance.

Au temps des Croisades, il suffisait de satisfaire à deux conditions pour entrer dans la classe noble ou chevaleresque. Mais les devoirs de la profession guerrière étaient très dispendieux. Il fallait soudoyer d'autres hommes, il fallait des coursiers élégants dont le prix était hors de toute proportion avec le prix de

1) *Philosophie de l'Histoire,* E. Campion, *loco citato.*

nos plus beaux chevaux de race. Il fallait être large et prodigue ; tenir grand état de maison, soumettre sa liberté aux exigences d'un suzerain plus ou moins inquiet, turbulent, querelleur. Il fallait solliciter quelquefois une solde ou un service domestique chez les barons plus opulents ou plus heureux (1).

La guerre civile ne suffisant pas pour réduire le pays à la dernière extrémité, on fonda l'Inquisition! Comment, de tout cet amas de calamités, naquit la Renaissance ?

§

La cuisine aime la tranquillité, la paix, le silence du fourneau (nous allions écrire du cabinet).

Les barbares au VIe siècle avaient voulu goûter la cuisine romaine dont la renommée était parvenue jusqu'à eux, un peu trop tard. Cela eût suffi pour la tuer si la décadence romaine ne s'en était chargée. Les arabes de Gengis-Kan, après avoir vu les croisés, firent aussi leur invasion et éprouvèrent une déception. Sans vin, la cuisine de l'époque n'était rien moins que misérable, les seigneurs avaient peine à se nourrir, encore moins de quoi les bien traiter.

La cuisine fut donc obligée de se cacher dans les cloîtres où tous les hommes cultivés se réfugiaient. Elle s'y raffina, se simplifia et s'agrandit ; la chimie découvrant les élixirs lui fit faire un énorme progrès, les aromates furent mieux connus, mieux employés.

L'Italie, moins pauvre et plus dotée en couvents,

______

(1) *La France au temps des Croisades*, de Vaublanc, juillet 1845.

ayant plus de familles riches, donna quelques grands repas. Les Capulet, les Montaigut, les Médicis, tout en luttant pour la puissance, soutenaient et encourageaient les beaux arts et la table. Aussi est-ce de là qu'elle fera surgir, grâce au raffinement de ces tables princières, la plus mémorable des époques modernes, avec sa merveilleuse pléïade d'artistes inimitables, que ces familles ennemies se disputaient à prix d'argent.

Les alliances souveraines achèveront ce mouvement, qui porte le nom de : Renaissance.

RENAISSANCE

Le trouble était général en Europe, la misère presque autant ; pourquoi surgit-elle en ce moment ? « Parce qu'en ce moment, non plus tôt, l'Humanité revient aux saines traditions du génie Hellénique, qu'elle avait abandonné douze siècles auparavant, et sortit de l'ornière où elle traînait depuis le triomphe du christianisme ! Pourquoi en ce temps, non plus tôt, commença la sagesse présente ? demande Rabelais. C'était une hérésie d'admettre des antipodes et de suspendre le globe pour le faire tourner autour du soleil. »

Magellan y répond en en faisant le tour, après que Christophe Colomb a découvert la partie opposée à la nôtre.

Ramus suscite les controverses et réfute Aristote, Montaigne réclame même pour l'enfant la faculté de juger et de ne croire que ce qui peut se démontrer. Rabelais dit qu'il faut tout analyser et ne croire aucune autorité sur son crédit, et qu'il faut jeter tous ces livres qui, au vrai, étaient ennuyeux, fâcheux, dangereux et ténébreux...

Paracelse et Vésale posent les premières bases des sciences naturelles. Copernic explique le système du monde : Le catholicisme faisait passer la journée entière en pleurs, prières ou mortifications ! Malheur à ceux qui rient, disent les moines ! La terre n'est plus un lieu d'exil, mais de joie et d'amour, car rire est le propre de l'homme, répond le curé de Meudon. Tous les arts ont des maîtres sans rivaux possibles.

Léonard, Raphaël, Michel Angelo, Luther suit Viclef et J. Hus. Dante, mort, est remplacé par Pétrarque, Marot par Cervantès, etc., etc. La langue rebelle, parce qu'elle est encore dans les langes, ne peut se prêter à louer comme ils le méritent ces travaux artistiques et le nouvel état d'âme qu'ils provoquent. Pétrarque l'annoblira pour composer des sonnets dignes de sa Laure aimée, Clémence-Isaure instituera les jeux floraux, le charme des lettrés Languedociens; Marguerite de Navarre achèvera l'ébauche, Marot et Ronsard compléteront l'œuvre littéraire ; alors, depuis le Primatice jusqu'à Bernard Palissy, tous ces génies seront loués comme il convient, et cette inimitable langue française emportera leur gloire dans le monde entier, elle y apportera aussi sa grâce qui captivera les gens d'esprit, parce qu'elle réunit la douceur de l'Italien, la gravité de l'Espagnol, la précision du latin à la vivacité de la langue de Périclès et de Démosthènes, parce que, comme elle, elle est créée et protégée par la Femme.

Alors, tout concourra pour rehausser l'éclat des repas, puisque tous les Beaux-Arts y participeront et en seront le principal ornement. Les épices plus abondantes, les viandes plus variées, les fruits nouvellement importés; le café, le cacao et les liqueurs les rendront plus gais, les causeries seront plus brillantes et plus longues. L'enthousiasme ne sera plus soulevé par la *quantité*, qui faisait la valeur du repas, mais par la *richesse* et l'élégance des services. Les bouffons et grimaciers cesseront d'être de rigueur. La noble châtelaine fera porter à chaque convive et, tour à tour, par son plus mignon messager, un élégant rameau orné de rubans, et celui-ci entonnera une chanson, cet autre une légende, le troisième une poésie.

L'émulation fera naître de nouvelles combinaisons et, jusqu'à un nouvel arrêt, le repas conservera ce caractère artistique et presque patriarchal avec cette différence que c'est la femme qui le préside avec son goût si sûr, sa dignité de reine nouvelle.

§

Les controverses religieuses suscitent de nouveaux conflits. Si la faim rendait l'homme barbare, les discussions religieuses le rendent cruel et sans merci. La France subit un nouvel arrêt dans son développement, les guerres intestines coûtent de nouvelles larmes à la Patrie. Encore une fois la lutte fait suspendre les festins si merveilleux de Fontainebleau, de Chambord et du Louvre où Catherine avait importé de Florence l'art de bien manger. Une nouvelle éclipse a lieu, la famine redevient universelle. Henri IV, habile politicien autant que guerrier éprouvé, promet la poule au pot au peuple affamé et celui-ci l'acclame, le ventre vide n'a d'oreilles que pour celui qui lui assure la pitance, car la faim vient à bout des plus robustes et courbe les fronts les plus obstinés. Cette sollicitude porte ses fruits ; une tranquillité relative permet de relever la table. Les victoires feront renaître l'abondance et les poètes refleuriront.

§

Le culte des héros semble s'être développé dans l'Eolie et plus tard, la Béotie, ne fit que l'étendre dans le sens religieux ; ainsi que de nos jours le font certains Etats en donnant le nom de Saint à leur monarque.

Le mot Vierge a dû subir aussi la même transformation ; ce qui n'était qu'une qualité supérieure devint avec saint Bernard l'objet d'un véritable culte.

Nous avons vu que le mouvement ascentionnel s'était produit grâce à la reprise de la tradition hellénique, il est bon d'y revenir pour saisir la différence des deux mouvements, puisque c'est dans l'explication de cette différence que nous allons trouver la cause de cette direction sociale élevée qui marque la fin de la renaissance.

La Grèce avait élevé le culte de la femme à la hauteur d'un art, mais ce culte était purement esthétique, on célébrait la *beauté*, il était par conséquent plus voluptueux, plus matériel que mental. Le moyen-âge, lui, éleva la femme à la hauteur d'une religion, il la glorifia pour ses qualités natives si humaines, sa bonté, sa douceur, sa patience. Il en fit une femme qui parlait au cœur et à la raison de l'homme.

Saint Bernard, dans ses litanies si poétiques, surtout si on tient compte de la barbarie de l'époque, en fait une *sainte*, qui nous donne l'exemple et la force de supporter toutes les misères pour arriver au ciel. Le dévouement, la charité.

Dante l'humanise au point d'en faire l'intermédiaire entre la sainte religieuse et civile ; Pétrarque en fait la compagne de l'homme cultivé, et enfin le Tasse, se rappelant les qualités de notre immortelle Jeanne, la fait vivre avec l'homme qui sait la mériter et la conquérir.

Tous ces charmes prêtés à la femme par ces divins poètes, n'étaient pas des utopies créées par ces profonds penseurs ; ils avaient su les deviner, les voir au fond de ces âmes si bien douées ; ils rendaient justice à ces créatures méconnues, tenues en tutelle dès l'antiquité, et ils préparaient l'éclosion de ces belles vertus féminines qui devaient pour jamais clore l'ère barbare et brutale.

§

La pénurie d'hommes valides, résultat du départ des Croisés, les fit d'office directrices sociales ; alors tous ses sentiments endormis, mûris, se feront jour à la fois, et l'occasion se présentant il surgira une héroïne propre à chaque situation. Mais, où elle excellera, et c'est là le réel service d'un être supérieur, c'est quand elle crée, ainsi qu'à Athènes jadis, les salons littéraires où l'esprit, la grâce, le charme et le savoir de ces incomparables châtelaines brillent d'un éclat sans égal et renouent la tradition des salons poétiques et cultivés de la ville athénienne, après une nuit de vingt-cinq siècles.

On verra surgir alors, sous la direction impeccable et châtiée de ces femmes de goût, une si brillante pléiade de poètes, d'architectes, de peintres et de sculpteurs, de héros, de musiciens et de philosophes, que ce siècle fortuné gardera dans l'Histoire le nom de leur grand roi.

SIÈCLE DE LOUIS XIV

La table et les repas avaient fait les plus brillantes conquêtes, de nouvelles améliorations; on ne mangeait plus avec ses doigts et sur le pain des viandes sans sauces. Les services, quoique fort disparates, se distinguaient en cela, que chaque viande était servie dans un plat spécial, de même que les légumes.

Les verres, plus modestes, avaient remplacé les coupes trop grandes; on ne restait pas à table de longues heures. Le café se servait dans le salon et la maîtresse de maison obtenait la permission de diriger la causerie, les jeux et les amusements. Elle régnait.

§

Nous avons vu que tout régime visant à l'absolu tombe de lui-même sans l'avoir atteint. La monarchie, isolée à Versailles et poussée aux dernières limites par un roi d'autant plus orgueilleux qu'il avait eu plus de succès, tomba dans des mains plus débiles, quoique plus jeunes. La naissance des salons, l'introduction du café, la multiplication des liqueurs fit créer des centres de réunion où l'homme du peuple pouvait entendre discuter plus savant que lui ; peu à peu, il s'imprégnait de libéralisme ; la facilité de lire, puisque les auteurs devenaient légion, et les livres plus communs et moins chers, lui permit quelques remarques, des réflexions ; il constata de nouveaux besoins ; enfin, le corps social tout entier reçut par contre-coup le bienfait de cette élaboration mentale. Le Tiers Etat se préparait. Les besoins se précisaient ; encore quelques accidents, soit politiques, religieux ou guerriers, et la discussion sera vive, la lutte ardente et passionnée.

Voltaire, J.-J. Rousseau, les encyclopédistes précisent avec plus de force les nouveaux besoins de l'époque, et au lieu de se contenter des libertés restreintes que leur donnait si parcimonieusement un pouvoir caduc, cette nouvelle classe envisagea de front la possibilité de le partager, mais le Tiers-Etat n'avait pas la position assez prépondérante pour s'imposer, tout au plus se voyait-il discuté, et encore avec quel dédain ! Il chercha des alliés et à défaut de la qualité, prit la quantité.

Il promit certaines libertés et privilèges aux classes laborieuses si, s'alliant avec lui, la tête, elles voulaient être les bras et, en se réunissant, ils parvenaient à renverser un pouvoir despotique qui devenait de plus en plus rétrograde parce qu'il se trouvait sans contre-poids.

La religion était un joug insupportable aux philosophes tout autant que les privilèges des castes l'étaient aux travailleurs. Voltaire leur dit : « Il faut séparer toute espèce de religion de toute espèce de gouvernement, parce que la religion ne doit pas être plus une affaire d'Etat que la manière de faire de la cuisine, qu'il doit être permis de prier Dieu à sa mode comme de manger selon son goût : et pourvu qu'on soit soumis aux lois, l'estomac et la conscience doivent avoir une liberté entière. » J.-J. plus violent, dit que : « La maîtresse d'un roi n'est pas aussi honorable que la femme légitime d'un charbonnier ». Les encyclopédistes dirent que l'industrie, le commerce et les métiers doivent être libres et que les tracasseries des nobles, des soldats, des moines et des prêtres doivent céder devant la légitimité des besoins de la grande masse. Ces louables ambitions furent traitées de scélérates et la répression s'affirma. C'est alors « qu'au sein de cette nuit profonde, tout à coup la France apparaît. Apparition fougueuse, désordonnée, folle, mais empreinte de cette grandeur épique, de cette vitalité exhubérante, de ce génie actif et brillant qui se manifeste depuis à toutes les grandes époques de notre histoire. » (1)

Le trône et l'autel virent la lutte se préparer, mais comptant sur leur double puissance qui jusqu'ici leur avait servi de frein naturel pour gouverner l'espace de plusieurs siècles, dédaignèrent de porter de grands coups, même de répondre à ce nouveau pouvoir qui leur paraissait l'incohérence même, toutefois ce nouveau pouvoir s'affirmant, ils descendent dans l'arène : c'était trop tard ! La tempête poussa le torrent humain, soulevé par le mot de liberté, avec tant d'impétuosité qu'ils furent submergés ! Alors, on vit la lutte commencée sous les Césars ; continuée par les réformateurs, mais sans aucune méthode scientifique, et que l'ignorance même des masses auraient empêché d'aboutir ; reprise et conduite cette fois-ci par des chefs éprouvés, entraînés, instruits et dévoués autant qu'intéressés au succès, elle devait ainsi menée, produire un résultat. La révolution, aussi soudaine que radicale, écrasa le vieux monde et enterra sous ses débris les vieux préjugés qui en étaient l'apanage.

(1) *Philosophie de l'Histoire*, E. Campion, *loco citato*.

Dès lors, une aurore nouvelle illumina l'avenir du quatrième État qui put s'asseoir désormais au banquet de la vie d'où il avait été systématiquement écarté depuis plus de quarante siècles, c'est-à-dire depuis que Joseph, le ministre du Pharaon Egyptien, avait décrété la servitude de la Glèbe (1).

(Ce ministre en décrétant la servitude de la Glèbe avait rendu un réel service à l'humanité, puisqu'il permettait aux conquérants de garder à leur service les hommes faits prisonniers, au lieu de les détruire, afin qu'ils cultivent la terre pendant que les sujets valides allaient se battre pour la Patrie, seulement la continuité de ce système créait un foyer permanent de déshérités, puisqu'on ne les rendait que fort rarement et quelquefois pas du tout à leur patrie).

Le meilleur éloge que l'on puisse faire de cette époque si féconde en surprises, se trouve dans les relations du comte de Ségur :

« À huit cents lieux de mon pays, je ne pouvais me faire une idée des changements extraordinaires que venaient d'éprouver nos lois, nos mœurs, nos caractères, nos esprits.

« Sur ma route tout présentait à mes regards un caractère imprévu : les bourgeois, les paysans, les femmes même, me montraient dans leur maintien, dans leurs gestes, sur tous leurs traits, quelque chose de vif, de fier, d'animé que je ne leur avait jamais connu... Si j'interrogeais quelques individus des classes inférieures, ils répondaient avec un regard fier. A mon

____

(1) *Manuel de l'Histoire ancienne*, L. Hécren, — 1823.

départ de France, j'avais quitté un peuple courbé sous le joug, je le retrouvais redressé ! »

Ces lignes se passent de commentaire, aussi les opposerons-nous simplement à ceux qni nient que la Révolution française fut un progrès, un bienfait pour notre pays.

D'ailleurs n'aurait-elle fait que laïciser la conscience, l'instruction et le commerce ; qu'elle aurait rendu un immense service au monde entier en empêchant toute condamnation au nom d'un principe théologique quelconque, tout en débarrassant du même coup, les lisières qui paralysaient la science, le commerce et l'industrie, car leur naissance (on peut se servir de cette expression) ne date que de l'abolition des privilèges nobiliaires et religieux. Le fait ne nous paraît pas niable.

LA MONARCHIE

Le principe monarchique que J. César tout puissant et peu scrupuleux, réussit à restaurer, était si peu équilibré, qu'il ne put résister longtemps aux premiers assauts donnés par le christianisme. Il allait disparaître une nouvelle fois, si saint Rémy, l'évêque des Gaules, s'appuyant avec une logique rigoureuse sur les données de la Bible, ne lui avait redonné une nouvelle vigueur en reliant le présent instable à un passé qui avait donné des peuves incontestables de vitalité et de force directrice.

C'est le moment de se demander si la monarchie a été un bienfait pour la France ; quel est le progrès qu'elle a imposé à la table et partant sur le repas dans les différentes classes sociales.

§

De tout temps, la monarchie s'est alliée avec le clergé et l'armée, c'est-à-dire aux deux classes pensantes et dirigeantes. Il est aisé de penser que c'était toujours au détriment de la masse, aussi voit-on dans toutes les monarchies les mêmes abus :

L'abondance en haut, la misère en bas. De là, lutte permanente entre le commandé et le commandant, entre l'esclave et le possesseur.

Dans toutes les républiques antiques, grecques ou romaines, le repas est frugal, mais chaque citoyen a sa part égale. La royauté est établi en Grèce, l'orgie commence. Elle succède à la république à Rome ? Les festins se donnent sur les places publiques.

Est-il nécessaire de rappeler les famines qui ont désolé notre pays au moyen âge et dont Montaigne et Labruyère nous ont laissé des tableaux si sombres ?

Voit-on un seul roi, à part le bon Henri IV qui avait tant pâti, s'occuper des besoins du peuple ? On peut répondre, il est vrai, que la France a toujours grandi.

Mais, sait-on ce qu'elle serait devenue si elle s'était gouvernée en élisant ses gouvernants à une époque où la dignité était une vertu nationale ? Où chaque homme considérait sa parole donnée comme une charte écrite ? N'aurait-on pas mis à la retraite d'office et malgré ses éminents services, ainsi que les généraux affaiblis par l'âge, Louis XIV à l'époque si néfaste de sa vieillesse ? Le titre de roi conserve-t-il la vigueur cérébrale ?

Napoléon restaurant le trône, effrondré sous la poussée irrésistible d'un peuple épuisé par les privations, a-t-il, malgré son génie rétrograde fait un pas vers le progrès réel ? Que ceux qu'une illusion de gloire satisfait, le glorifient, quant à nous à jamais et pour toujours, nous maudirons l'époque qui a privé tant de mères de leurs fils, tant de sœurs de leurs frères, tant d'épouses de maris, tant d'enfants de leur père, tant la Patrie de citoyens valides, courageux, forts et dévoués jusqu'à la mort ! L'écho de cette épopée, n'est-ce pas pour nous 1870 ?

§

Le progrès, la marche en avant d'une nation, ne peut pas être le produit ou le résultat d'un seul homme, quelque habile et génial qu'il soit.

Le climat, le sol, la race sont les trois facteurs qui concourent au résultat final, si à ces trois facteurs on ajoute l'indépendance de l'individu, indépendance qui le rend solidaire et responsable, le progrès doit être plus général et par suite continu. On sait que monarchie et indépendance de l'individu sont deux termes opposés.

Ne voit-on pas que la tradition monarchique a doté notre pays de deux maux terribles. Le besoin croissant d'irresponsabilité sociale qui se fait jour jusque dans les classes dirigeantes, et une tendance de plus en plus marquée vers les sinécures gouvernementales ? N'est-ce pas un fait mille fois trop avéré, que pour une place officielle, il y a mille postulants ? La domesticité ne devient-elle pas une plaie parisienne ? Si ces initiatives personnelles se reportaient sur l'agriculture qui manque de bras, sur le commerce ou l'industrie, qu'elle différence de production et partant d'échanges, le principal facteur de la richesse nationale.

Les républiques antiques et en général tous les gouvernements démocratiques exagéraient la frugalité et la simplicité de la vie de famille. Le trop et le trop peu sont également funestes à la prospérité d'un état. Si le luxe dégénère en licence, les privations soulèvent des réflexions et des comparaisons que seules les âmes bien douées trouvent logiques, et combien sont rares dans les masses ces âmes bien trempées !

Nous irons plus loin : l'absence de tout confort dans n'importe quel Etat est un non sens, puisque les esprits d'élite, la partie qui pense esthétiquement est obligée de fuir ces pays dépourvus de goût et de besoins raffinés, et le peuple remonte en arrière, rétrograde au lieu de s'élancer vers l'avenir où justement gisent les découvertes qui lui permettront de vivre sans avoir recours aux guerres étrangères et fratricides.

Décréter l'uniformité de possession ou l'uniformité de l'intelligence, est tout aussi insensé que de décréter l'uniformité de croyance, de goût, ou de capacité stomacale. Il faut des gens avares et d'autres prodigues, des gloutons et des gens sobres, des gens d'esprit et des sots, des croyants et des impies : cette variété dans la société fait, ainsi que les rouages mécaniques d'une horloge, marcher l'humanité vers le progrès.

DIX-NEUVIÈME SIÈCLE

Le repas qui était fastueux et largement assuré chez les grands des XVIIe et XVIII[o] siècles, incomplet, rare et même supprimé à certaines heures de la journée chez le peuple tant la misère était grande, ne fut pas étranger à cette révolte. Le voyage des femmes, de Paris à Versailles en est une preuve historique. Le ventre d'une capitale, surtout en fermentation, à besoin d'autres raisons qu'un mot équivoque et peu en rapport à la situation : « si le peuple n'a pas de pain, qu'il mange de la brioche, » est un mot cruel. On fit enfin quelques concessions, mais une fois cette porte ouverte, il est difficile de la fermer. Les têtes dirigeantes comprirent l'importance de ce résultat obtenu par l'union vers un but commun et qui n'avait été fait que pour avoir du pain, il fut imité pour les autres besoins qui étaient si nombreux.

Un écrivain impartial doit tenir compte de ces petits faits, de ces petits détails qui, en se réunissant, font naître une crise sociale, car on voit mieux alors, de quel côté sont les premiers torts avant de jeter l'anathème sur tout un parti historique ou sur une époque. L'un et l'autre sont-ils, en somme, autre chose que le résultat latent, fatal et inévitable par conséquent, de la civilisation qui les a précédés et rendus en quelque sorte obligatoires ?

§

Plus le peuple s'émancipa, plus il tendit ses désirs vers les biens dont il était privé.

L'instruction lui manquait, il réclame l'instruction obligatoire ; les grades lui étaient interdits, il voulut pouvoir les conquérir tous sans exception ; bientôt, le titre de roi allait être trop pâle et il fallut créer celui d'empereur. La guerre lui donna les premières satisfactions, les découvertes scientifiques lui donneront les secondes. La politique se divise en plusieurs partis et crée de nouvelles places de chefs, et cette troisième satisfaction de pouvoir commander à des masses, celle qui, de tout temps a été la plus briguée, lui fut accordée.

Si son inexpérience fut cause de quelques actes critiquables, combien sa foi robuste, humaine, sincère, en fit de merveilleux ! Si la foule fut bruyante, combien d'autres qualités rachetaient ce défaut. Mais passons et revenons au repas qui, à ce moment là, était quelquefois trop problématique, malheureusement.

Jusqu'à la paix, on n'aura d'autre souci que d'approvisionner les corps d'armée de toutes sortes de munitions. Les tables vacillent aussi bien dans les camps que dans les villes et les campagnes : les provisions, trop rares, en excluent également toute variété. La cuisine, fidèle à sa coutume, s'éclipse et se terre. La femme est seule au foyer domestique ; elle est sans goût pour se nourrir, pour tenir l'intérieur, aussi, suit-elle facilement l'armée. Dans la rue elle foisonne ; pas un spectacle qui n'ait son approbation ou sa critique, on pourrait dire qu'elle ne commande. C'est peut-être à l'abandon de l'intérieur, vide, sans pain et sans enfants, que l'on a dû ces mégères qui auraient été des mères irréprochables dans un temps d'abondance relative. Un nouvel exemple eut lieu en 1871, car l'histoire se répète.

Enfin, après une époque faisant oublier bien des périodes glorieuses de l'histoire des peuples antiques, la Diplomatie put reprendre pied et ramener avec elle la tradition qui en fait le charme : La Gastronomie.

De nouveaux besoins feront naître de nouvelles combinaisons, les maîtres-queux de l'époque se surpasseront grâce à la découverte d'Appert, des Lavoisier, etc., etc. Les repas deviendront plus méthodiques, partant plus classiques et délicats, les saisons perdront leur brutale disparition, les aliments lourds seront évités, l'ordre et l'élégance auront leurs lois.

Le choix permettra de manger moins et de mieux réparer ses forces ; la digestion, moins laborieuse, permettra à l'esprit de plus longues méditations.

La causerie entre convives sera plus enjouée, plus aimable et brillante ; alors, les peuples voisins viendront se polir à ce contact du savoir vivre français, et de même que la langue et la mode, le repas parisien et les artistes qui le préparent, iront conquérir les femmes et les hommes d'esprit du monde entier. Les héros de la grande épopée avaient promené à travers les deux mondes, l'émancipation morale, les artistes culinaires y promèneront à leur tour l'art d'y bien dîner.

§

1870 arrive ! Une nouvelle période de deuil fait faire une nouvelle évolution au repas : celui-ci se composera, désormais, du strict nécessaire à la vie, car il faut payer l'énorme rançon de guerre ; guérir ses blessures, réparer les membres brisés, se préparer à une nouvelle lutte, réorganiser l'armée et la société sur de nouvelles bases s'alliant aux nouveaux devoirs : c'est l'époque du recueillement.

Après vingt années d'un travail patient, lent, pénible et continu, le bien-être renaît. Le repas redevient substantiel et varié, luxueux et délicat, bien mieux entendu que celui de nos pères. Celui de la noblesse est véritablement distingué, friand, léger et composé des mets rares et variés. Celui de la bourgeoisie est beaucoup plus classique qu'avant et l'hygiène dans les deux classes y est observée avec soin. Quant au repas des prolétaires, il est plus varié et surtout plus propre. L'élevage des animaux, la culture maraîchère et fruitière a tant fait de progrès. La transmission presque instantanée des ordres ; la rapidité des locomotions ont fait des progrès si importants, qu'ils émerveilleraient la génération précédent notre époque si elle pouvait jouir de ce spectacle à peine prévu.

Les banquets sont devenus beaucoup plus populaires et plus fréquents, parce que la naissance journalière de sociétés savantes, patriotiques, professionnelles ou charitables, les rendent nécessaires. Leur multiplication les fait moins luxueux que par le passé, mais ce qu'ils perdent de ce côté est largement compensé par l'urbanité, la sociabilité et l'esprit de solidarité qui les préside. Un autre élément de succès y est introduit ; c'est que le sexe aimable y est invité, et rien n'adoucit mieux le caractère masculin que ce double contact en public, que le repas entre inconnus présidé par la Femme.

Nous croyons inutile de renouveler les vœux que nous avons émis souvent (1) ; à savoir que cette mode se multiplie. Elle est si naturelle, ces banquets sont si charmants, si en rapport avec notre tempérament prime-sautier, qu'avant longtemps nos vœux seront réalisés ; et que l'on ne s'y trompe pas, c'est la meilleure et la plus saine propagande, comme aussi la plus active pour calmer les passions parfois brutales des masses, quand

(1) *Hygiène de l'Enfance. (Education)* Apprentissage. *Éléments Culinaires*. Vol. I et II.

elles ne sont qu'imparfaitement éclairées par une instruction trop superficielle.

PARALLÈLES

L'intelligence se développe en raison des modifications des centres nerveux : de même que pour juger, il faut pouvoir comparer.

Voilà pourquoi la vie de l'homme méditatif se passe tout entière à faire des comparaisons entre le passé, le présent et l'avenir. Il met une volonté et une âpreté inlassables, au besoin de savoir tout ce qui fut la vie de ses aïeux. Cela se comprend d'autant plus aisément que cette connaissance lui donne le droit de s'énorgueillir des conquêtes qu'il obtient sur la nature entière.

N'est-il pas venu au monde muet et sans abri ? Les éléments si redoutables, ne semblent-ils pas s'être ligués contre ses desseins et réunis afin de le perdre ?

Pourtant ce chétif ver de terre est devenu un maître imposant. Voilà pourquoi, je le répète, il trouve une satisfaction intime à relier l'œuvre si incomplète de ses devanciers à l'œuvre du présent, ce qui lui permet d'entrevoir les conquêtes futures et se figurer ses descendants plus heureux que lui, ayant moins de difficultés à vaincre.

N'est-ce pas là le secret de l'acharnement qu'il met à découvrir les villes mortes et enfouies depuis tant de siècles, afin de posséder le secret que la tradition a imparfaitement conservé ; ainsi que le courage qu'il déploie pour découvrir des terres aussi malsaines que stériles dans les continents noirs et les deux pôles, pour y édifier des empires qu'il ne verra jamais organisés ?

§

EXAMEN

Si le criterium du jugement nous vient de la comparaison, les parallèles de Plutarque en resteront un éternel modèle, une source précieuse d'enseignements lumineux et permanents. Si nous usons du même procédé, quoique avec moins de talent ; que nous comparions le premier repas frugivore de l'homme adulte avec celui des cavernes, se nourrissant de chasse, toute pantelante encore du coup que le dard ou la fronde venait de lui donner, nous pourrons facilement déduire que les mœurs du premier étaient douces et pacifiques, tandis que le second, obligé de lutter pour vivre, contre des bêtes fauves, rusées, fortes et bien armées pour se défendre, devait être barbare et audacieux. On voit en même temps la différence de l'effort produit pour obtenir le même résultat : un dîner. Le premier, n'avait qu'un simple mouvement à faire pour *cueillir* sa nourriture, tandis que l'autre était obligé à un déplacement continu, à une alerte perpétuelle, à un travail mental croissant qui devait le rendre astucieux et sans pitié lorsqu'il avait vaincu et terrassé sa proie.

Le même fait se présentera à notre esprit en comparant les Indiens et les Egyptiens végétariens avec les autres races asiatiques, nomades et omnivores, usant peu de feu pour cuire leurs aliments, dédaignant toute morale, et employant leurs courses à piller et détruire. Ceci nous permet de remarquer aussi combien un culte développe les qualités pacifiques de l'homme et aussi l'idée des échanges, ce qui constitue le commerce.

Ne voyons-nous pas les Hébreux, malheureux outre mesure, conservant malgré un long exil leur religion, mangeant toujours isolés, crainte d'être obligés de transgresser avec leur conscience, conservant l'amour inébranlable de leur pays, de leur foi et de leurs lois; permettant ainsi plus tard leur rapatriement sous l'effort puissant de Moïse? Les Grecs, patriotes immortels, tant que durèrent leurs repas collectifs, nous montrent combien l'unité offerte en sacrifice à la communauté rend les hommes forts, le pays puissant, les mœurs pures, et quelle source précieuse est, pour l'Etat, l'accomplissement du repas et des habitudes qui le président et le dirigent.

Si l'hospitalité touchante des Troyens et de leurs fiers adversaires, la sobriété des Spartiates ont fait de ces deux peuples des modèles dignes d'être imités, c'est parce que le patriotisme, enseigné au milieu de ces repas nationaux, est empreint de tant de grandeur, que l'homme s'élève de lui-même et sans arrêt. Aussi la défense héroïque des Thermopyles reste unique dans l'histoire, comme aussi la coutume qui les réunissait à la table commune.

Ils étaient si bien persuadés que la frugalité entretenait le patriotisme et le sacrifice du soi au profit de tous, que tout homme qui dépassait une certaine somme pour se nourrir était condamné à l'amende.

Les Grecs de la décadence, comparés à leurs aînés, nous inspirent de la compassion, puisque, adoptant le luxe oriental, ils oublièrent les vertus ancestrales, permirent l'invasion romaine si funeste à leur pays, à la gloire d'Athènes, créatrice du beau et de l'humaine philosophie de Platon; avant-courrière de l'émancipation mentale, que Rome trop grossière ne put comprendre et achever.

Le tableau des progrès réalisés par ce petit pays, ce grand peuple, plutôt, par ses exemples, a été tracé par un homme de génie, A.-H.-L. Hecren (1): « Le cœur est atrocement ému, dit-il, de la perfidie avec laquelle T.-Q. Flaminius se présentant comme le libérateur de la Grèce, la fit dévier de la route lumineuse dans laquelle tant d'hommes supérieurs la conduisaient, et arrêta ainsi l'essor bienfaisant de ce peuple génial, l'honneur de l'humanité. »

Ce blâme, cri du cœur d'un peuple trahi, se répercutera jusqu'aux derniers triomphes de Rome et préparera la décadence de cet empire, dont la perfidie politique consistait à toujours mentir, trahir, prendre et garder! (Certain insulaire est encore pareil de nos jours.)

De cet empire, qui, après avoir donné des lois à l'univers, permit à un Néron, dont

> Le nom paraîtra, dans la race future
> Aux plus cruels tyrans, une cruelle injure

de régner quatorze ans! Où donc étaient ces vaillantes épées, dont une seule aux mains d'un citoyen suffisait à fermer un pont devant l'ennemi? Où est ce Sénat qu'on citait comme une assemblée de rois? Tout cela est allé rejoindre la frugalité des fondateurs de la Rome virile

(1) *Manuel de l'Histoire ancienne.*

et saine ; le temps où Cincinnatus était heureux de cultiver des laitues.

LES DINERS ROMAINS

On exalte outre mesure l'éclat des dîners romains. D'abord, on prête toujours aux riches, et, d'autre part, il est bienséant et en somme juste, aussi bien en France qu'en Chine, de reporter sur les ancêtres la gloire d'avoir mieux vécu et mieux fait que nous. Cela n'est vrai que si on oublie les découvertes qui ont été faites depuis ces époques reculées, puisqu'ils faisaient très beau tout en possédant moins de moyens que nous ; mais cela ne veut pas dire que nous n'ayons fait de réels progrès.

Une table sans nappe, pour si riche qu'en soit le plan, n'est guère propre longtemps, et, si on se rappelle leur manie de remplir les coupes outre mesure, on se demande dans quel état on devait sortir de ces repas, après une station qui se prolongeait parfois onze ou douze heures consécutives.

La boutade du célèbre gourmand, le marquis de Cussy : « Je préfère dîner dans un restaurant moderne à vingt francs par tête, qu'au salon d'Apollon de Lucullus », ne peint-elle pas d'un trait la différence existant entre un dîner romain et le dîner français ?

Les Romains avaient, à la vérité, une profusion de mets et très riches, très souvent originaux, quoique peu délicats ; mais nous savons que les peuples primitifs, ainsi que les enfants, ont toujours préféré la quantité à la qualité. L'homme ne devient gourmand qu'après avoir été glouton, et le gourmand ne devient gourmet qu'après un nouveau raffinement que seuls l'absence de passion et le calme des comparaisons peut lui faire acquérir.

Les tables romaines avaient beau être ornées de tous les métaux précieux, des bois les plus rares et d'une profusion de fleurs ; elles manquaient de ce coup d'œil artistique, élégant et propre qui les distingue aujourd'hui.

La blancheur du linge, rehaussée par les broderies russes, dont la mode actuelle s'est si heureusement inspirée ; l'éclat et la gracilité de notre cristallerie ; la variété des métaux avec lesquels on fait les couverts, si commodes et si utiles pour éviter toute souillure ; les multiples ustensiles qui ornent la table ; les suspensions si élégantes, emprisonnant une diversité de lumières aussi éblouissantes que nombreuses et variées ; des fleurs qui sont à elles seules un poème, en même temps qu'elles servent à témoigner, par leur diversité et leur originalité native, les conquêtes de nos explorateurs modernes.

Les Romains avaient des gladiateurs, des chanteurs et des poètes, des danseuses et des comédiens ; que nous manque-t-il sous ce rapport ? Nous les écoutons *après* au lieu de les entendre *pendant* ; sous ce rapport, il me semble que le progrès est tout aussi réel, parce qu'à table la conversation est plus intéressante et plus utile à l'art de bien dîner.

Notre douleur si légitime, en voyant comment finit un peuple si bien doué, est loin d'être calmée par le bon souvenir que nous garderons des premiers chrétiens et de cette ère, première ère fraternelle, qui prépara le Moyen-Age si malheureux, mais aussi les croisades, qui permirent à nos nobles châtelaines de s'occuper des problèmes qui, jusque-là, avaient été réservés aux hommes : de faire la guerre, d'éduquer les enfants. (Elles profitèrent avec un tact et un à-propos si merveilleux de cette circonstance, que l'on ne saurait jamais avoir trop de reconnaissance pour ces dignes Femmes de France.) Nous avons vu qu'élevées au rang de directrices, elles en profitèrent pour imprimer aux aspirations qui se faisaient jour, sous la poussée de leurs sentiments généreux, une direction morale, humaine et douce.

La table fut dès lors autre chose qu'un lieu de plaisir ; les mots de Patrie, Honneur, Devoir, Loyauté sortirent des limbes et cessèrent d'être synonymes de viol, rapt, escroquerie ; le courage fut moins brutal et féroce.

Les enfants, grandissant pour la première fois sous l'œil sévère de ces femmes incomparables, de ces mères que les privations et la responsabilité rendaient si graves, devinrent plus polis, plus doux, plus instruits, plus humains.

Les mots d'Honneur et de Gloire les firent courageux parce qu'ils étaient bons, patriotes parce qu'ils aimaient leur mère, et l'étranger, envahissant le sol sacré de la Patrie, n'aura plus seulement devant lui le courage mercenaire que ranimait à grand'peine la voix du Seigneur et Maître, il aura de véritables soldats élevés par la Femme, et la Force pliera devant la Grâce. Jeanne-d'Arc, l'héroïque enfant des Vosges, achèvera de briser avec sa foi naïve le passé barbare et grossier, marquera l'ère nouvelle par des exploits inoubliables, dignes d'un grand capitaine, d'un puissant penseur, d'un ardent patriote.

Voici la trace laissée dans l'esprit de l'époque par le nouveau culte de Marie et l'influence qu'il exerça sur l'imagination des chevaliers et des dames.

« Devant l'image de la Vierge, épouse et mère, voyez fléchir les terribles chevaliers ; leurs mains homicides ne se lassent pas de s'élever avec transport vers elle ; c'est que la mère du sauveur est plus près de l'humanité que son divin fils. Le nom du Seigneur inspire la crainte, le nom de la Vierge ranime l'espérance. »

L'ineffable beauté de son doux visage encourage l'âme pénitente et exalte l'âme pieuse ; d'ailleurs, si son front brille du reflet des sept étoiles, c'est qu'elle fut la plus chaste et la plus humble des filles d'Eve ; si des larmes coulent de ses yeux tandis qu'elle veille au pied de la croix, ce sont des larmes de pitié répandues sur nos fautes et nos malheurs.

La reine des anges est aussi la reine des hommes, reine de miséricorde et de compassion...

Ses autels et ses monastères se multiplient chaque jour. Plus que jamais les théologiens se plaisent à exalter son nom ; les chroniqueurs en parent leurs légendes, les poètes la chantent dans leurs romans et l'invoquent jusque dans leurs fabliaux.

La Vierge miséricordieuse est conjurée dans le péril des batailles et dans les orages de la mer — *Stella Maris* — car il faut à ces pèlerins aventureux, à ces guerriers impitoyables du Moyen-Age, une protectrice d'innocence et de douceur.

S'il fut impossible aux soldats du Christ de voir, dans une marche rapide et guerroyante, les beaux monuments de Grèce, de la Syrie et de Byzance, sans en retenir des impressions larges et profondes bientôt après appliquées aux grands travaux de construction de ces basiliques où l'art byzantin se mêle aux dessins mauresques ; de même l'habitude d'entendre les récits des fables et des contes arabes ont coloré la poésie de cette époque d'une teinte orientale qui se laisse apercevoir dans les œuvres de ceux qu'entraînèrent les hasards de ces guerres lointaines.

Il en est toujours ainsi, de tous temps les vainqueurs ont adopté quelques-unes des modes des vaincus.

Après la victoire des Pyramides, les costumes français et les meubles subirent une deuxième fois cette influence et aussi la littérature. Actuellement c'est la Chine et le Japon qui imposent une troisième modification du mobilier et des bibelots.

Il est permis de faire cette autre remarque à savoir que : la Renaissance commencée en Italie n'eut son plein épanouissement qu'en France, et que les femmes furent à proprement parler les initiatrices de ce superbe mouvement.

Dès ce jour et à chaque tournant malheureux de l'histoire, on peut voir une femme s'élever du chaos, marquer la nouvelle direction à suivre et devenir le point lumineux sur lequel l'histoire est obligée de fixer les yeux.

Eve inaugura cette série par une séduction décisive qui devait être le plus bel ornement de la femme et la force principale de l'humanité, le levier sans lequel l'homme n'aurait jamais vaincu les éléments, encore moins les fauves contre lesquels il devait lutter à armes inégales jusqu'au jour où son génie lui fit créer des outils.

Vénus, la belle Hélène, Sapho, Sémiramis, Cléopâtre, Geneviève, Héloïse, Jeanne Hachette et tant d'autres dont le nom béni illumine les heureux moments de solitude où l'homme pense avec une sainte émotion qui l'élève au-dessus des misères terrestres, aux incomparables qualités de ces flambeaux merveilleux, posés ainsi que des jalons lumineux dans la nuit profonde où dort le passé muet des siècles engloutis par *la faulx* du temps.

Qu'il nous soit permis d'ouvrir ici une nouvelle parenthèse et de la consacrer à l'héroïne vosgienne dont le culte inspire de si beaux dévouements au profit de la Patrie, qu'elle aima de toute sa grande âme.

Nous parlions plus haut de la tolérance qui devrait présider à tous nos actes journaliers.

Comment ne pas en reparler quand le nom de cette courageuse bergère revient sous la plume ; pour déplorer une si grave erreur que celle du jugement qui la condamna comme hérétique et relapse à être brûlée vive ! Brûlée vive ! quelle mort, grands dieux ! ce corps si jeune, dix-neuf ans ! ce corps si beau, renfermant dans cette enveloppe si gracieuse et virile la plus belle âme de l'époque ; être brûlé pendant qu'il pense et agit si dignement pour la gloire de sa patrie !

Et quelle compensation lui offre aujourd'hui le clergé, pour l'avoir ainsi suppliciée ? Une béatification tardive ! quand la Foi disparaît, est-ce suffisant ? Ne siérait-il pas mieux de la laïciser et de la déclarer — Patronne de la France ? — de lui dédier des fêtes civiques les jours anniversaires de ses victoires et de son supplice ? Alors, on se recueillerait avec toute la tendresse dont le cœur est capable, on partagerait les douleurs de cette Martyre volontaire, on rendrait grâce des incomparables services rendus à la France nouvelle par cette fille du peuple, sans culture et sans fortune, ce qui, à une époque si malheureuse et si peu démocratique, rendait la tâche presque insurmontable. Que de foi, que d'amour, que de volonté et quelle ténacité ! Que de persuasion ne dut-elle pas employer pour vaincre l'obstination d'un roi paresseux, indolent, presque lâche, mais tout au moins découragé !

La voilà, la Vierge qui nous émeut dans nos entrailles de patriote, de père, de citoyen et de philosophe.

Elle ne descend ni de famille royale (1) ou sacerdotale, de toge ou d'épée, se perdant dans la nuit des temps. Ses descendants ou collatéraux ne feront, de gré ou de force, par calcul ou par nervosisme, le bonheur ou le malheur de ses contemporains ou de leurs successeurs. Non : le courage héroïque avec lequel elle supporte un supplice atroce et terrifiant, ne lui est pas inspiré par le besoin de sauver un père, une mère, ses frères ou ses

---

(1) Nous n'ignorons pas que Shakespeare, cent trente ans après la mort de la Pucelle, s'empara d'un sujet si digne de son talent et de l'intérêt qu'il y porta, malgré l'horreur que l'éloge de cette héroïne devait soulever dans le pays de ses bourreaux, et qu'il n'hésite pas à lui faire dire dans

Henri V. — Acte V[m]. *— Scène VI.*

« Ce n'est pas la fille d'un pasteur, mais un rejeton de la race des rois, que vous avez condamnée. ».....

« Vous dont les mains sont teintes du sang des justes et des innocents, que mille passions assiègent, vous qui manquez de la grâce que les autres possèdent, vous jugez qu'il est impossible de faire de grandes choses sans le secours des démons. »

M. Caze, dans le livre intitulé : *La Vérité sur Jeanne d'Arc*, adopte aussi cette version et Mme Cottio l'adopte également dans : *Jeanne d'Arc ou l'héroïne française.* (In-16, 1822).

enfants : Non ! Elle ne portait en elle aucune tâche héréditaire soulevant des haines politiques, civiles ou religieuses ; encore une fois : non ! Elle était simplement Française et patriote, cela seul suffisait et constituait une anormale et monstrueuse hérésie aux yeux d'un clergé aberré qui, après avoir vendu son Dieu, renié son roi, vendit la France à l'étranger.

Voilà le crime de l'innocente.

Voici le mérite des juges ! !

L'un nous horripile à force de monstruosité, l'autre soulève et provoque dans le plus intime de notre être et des foules une gratitude et une vénération sans bornes, que les âmes viriles et aimantes voudraient voir érigées par une *loi laïque* en culte public.

Aurait-on un si grand tort en faisant de cette illustre et si héroïque fille du peuple et de son amour si profond pour son pays une patriotique religion ?

M. Joseph Favre aurait-il pu mieux dire en parlant d'Elle « qu'aucun parti ne peut se l'accaparer ? Cette auréole du martyre si injustement subie ne lui donne-t-elle pas une grandeur morale au-dessus des compétitions intestines soulevées par les intérêts mesquins des divisions politiques ?

L'exclamation de Tressart, secrétaire du roi, rapportée par M. Wallon, exclamation arrachée à la pitié d'une nation par ce supplice atroce, ne prouve-t-elle pas qu'Elle appartenait à la nation entière ?

« Nous sommes tous perdus, c'est une sainte qu'on a brûlée ? » quel cri du cœur !

Doit-on faire l'oubli d'une telle faute et jeter l'anathème sur tout un parti, pour ne se souvenir que de la vénération que nous devons à cette incomparable vierge ?

Dans certains cas, l'oubli, n'est-ce pas un crime national?

Devant un accaparement par trop systématique et intéressé, qui prouve trop de repentir pour qu'il soit sincère, devons-nous nous incliner ? Nos neveux, étrangers aux luttes religieuses, seraient heureux de connaître les raisons majeures qui auraient décidé le gouvernement à se ranger à ce sage parti. Du reste qui dit république, dit gouvernement laïque, la logique donc, commande ici autant que la raison et pourtant il en est autrement (1).

JEANNE D'ARC

Au fond, dans tous ses actes, elle procède de la façon la plus antithéologique et comme si l'église avec son autorité absolue n'avait pas existé. A qui obéit-elle ? Dans une clarté, elle aperçoit des figures, dont l'une lui dit : « Jeanne, va au secours du roi de France, et tu lui rendras son royaume. »

Le premier curé qui intervient dans ses relations, à Vaucouleurs, l'exorcise, comme possédée du diable.

« Mes frères du paradis me disent ce que j'ai à faire » ; il n'en fallait pas plus pour déchaîner contre elle une autorité toute puissante qui se voyait méconnue et ne

(1) Ceci était écrit il y a quatre ans. Le gouvernement s'est laissé devancer par le clergé, et hier dimanche 22 avril 1894, la fête de Jeanne d'Arc a eu lieu à Notre-Dame de Paris ! Le clergé a donc adressé des prières d'action de grâce en faveur de celle qui fut brûlée à l'instigation d'un évêque ! Était-elle au moins assez chrétienne pour leur appartenir ?

pouvait tourner à son profit une volonté toute portée, par l'altruisme le plus impersonnel qui eut apparu, au dévouement d'un peuple et d'une Patrie qu'elle voyait malheureux. Cette indépendance qui faisait sa force et qui annonçait une volonté à la hauteur de sa mission éclate dans cette réponse consignée dans ce déplorable procès. — « Je viens de part Dieu, je n'ai que faire ici, renvoyez-moi à Dieu dont je suis venue. » Aussi, c'est parce qu'elle fut l'ennemie de l'Église et de ses rancunes, de sa soif de vengeance, de son intolérance irréductibles qu'elle demeure pour nous, philosophe, un type d'absolu morale, de pureté et de candeur, et que nous voudrions voir son portrait remplaçant la vierge étrangère, juive de naissance et cosmopolite par droit d'accaparement sectaire. Elle fit l'unité française et prépara la révolution en soutenant au prix du sacrifice de sa jeunesse et de sa vie, la liberté de conscience.

§

Dès le moment où la lutte religieuse devient aiguë, que les dissidences s'affirment parce qu'elles sont soutenues avec éclat par des hommes de valeur, la femme se fait mieux connaître, aussi se trouve-t-elle bientôt à la tête du mouvement social. L'ancien culte aux déesses païennes seyant mal avec la gravité de la nouvelle situation, elles changèrent l'attrait de la récompense et firent dévier les désirs masculins encore grossiers, en cette sentimentalité chevaleresque qui caractérise si bien la transition du Moyen-Age à la Renaissance et fit prendre un essor merveilleux au culte du Beau.

Les rivalités des deux favorites de François Ier n'exercèrent pas seules le génie des artistes. Les agents du roi allèrent aux quatre coins de l'Europe, chercher des armes, des joyaux et des objets d'art.

A Rome, un état-major d'artistes, copiait, modelait les sculptures et les bas-reliefs que les Français ne pouvaient se procurer à aucun prix. Bien mieux, les chefs-d'œuvre de la pâtisserie italienne étaient servis à profusion sur des plateaux d'or et d'argent. Des verres de Venise et des produits rivaux de France, ornaient les tables. On appela de Véronne, Mattéo, pour surveiller les ouvriers ciseleurs. On fit venir des manuscrits de l'Asie et de partout... De véritables trésors de vaisselle d'or et d'argent, des pièces d'orfèvrerie ornées de pierres précieuses, etc., etc., firent du Fontainebleau de François Ier et de Henri II l'admiration et l'envie de l'Europe.

Le croissant de Diane de Poitiers apparut alors sur l'autel de St-Saturnin et montra la transition entre la piété austère de Saint-Louis et la licence raffinée de la Renaissance. Dans ce merveilleux palais parut Charles V d'Espagne et la réception dépassa tout ce qui s'était fait jusque-là de plus magnifique.

Bâtir était la fureur de l'époque et jamais on ne refera des merveilles telles que Chambord, Anet, Chenonceaux, le Louvre, Blois, dignes pendants de Fontainebleau, agrandi et embelli par le Père des Lettres et des Beaux-Arts.

Nicole et le Primatice bâtirent la merveille des merveilles, la galerie qui porte le nom de Henri II.

Toutes ces inaugurations nécessitaient des fêtes et des banquets.

Catherine de Médicis ouvre l'ère gourmande en

emmenant de Florence ses cuisiniers, ses confiseurs, ses glaciers et aussi ses chimistes. Les Français se piquant d'émulation développeront notre embryon de cuisine, parce qu'en France l'artiste culinaire est généralement laissé à son inspiration et dans une indépendance d'autant plus grande, qu'il hérite de sa charge et que la renommée de la table honore l'amphytrion.

§

Le luxe des services de François Ier développa le penchant de l'ornementation et de la division des mets. On ne pouvait en effet remplir jusqu'aux bords des plats qui avaient une double valeur par le travail et la matière. On suréleva, au moyen d'attelets, la viande au milieu du plat, on ne la noya plus dans les sauces, et pour compléter l'harmonie, on ne servit dans ces plats si merveilleusement ornés que des pièces de choix, plus rares et plus petites.

On voit dès lors les cuisiniers aborder l'étude des Beaux-Arts. Les traités de cuisine de l'époque portent des traces évidentes de cette nouvelle manière d'opérer ; ils deviennent plus pratiques et plus complets, plus raffinés également. Les potages sont mieux composés, les sauces mieux liées, les ragoûts plus délicats, le service reste long et lourd à cause de la quantité de victuailles que l'on sert, mais un pas en avant était fait : l'élément féminin s'immisçant dans les travaux culinaires leur donnera une nouvelle impulsion.

Dans son pavillon où elle grelotte de froid, une femme spirituelle entre toutes (puisque d'un salon de littérature elle parvint à l'extrême puissance). Mme de

Maintenon combine avec Mouthier de nouveaux mets destinés à aiguiser l'appétit blasé de Louis XIV. Plus tard, les quatre sœurs de Nesles, imiteront cet exemple pour mieux tenir en tutelle Louis XV, et lui faire apprécier les petits soupers. La Pompadour et la Du Barry tiendront avec le roi ces célèbres consultations culinaires avec le fameux chef de bouche Mouthier qui se flattait d'être le descendant d'une haute lignée de cuisiniers et d'avoir hérité des talents de son père.

QUELQUES DOCUMENTS

Au temps de Charlemagne, on faisait cinq repas par jour : 1° *déjeuner* (supprimé le jour de jeûne) ; 2° à 10 heures, *décimheure*, appelé successivement *décimer*, *déismer*, *disner* et aujourd'hui *dîner* ; 3° le deuxième *décimer*, *redécimer* ou *récimer*, analogue à nos goûters ; 4° le repas du soir, *souper*, parce qu'on servait ainsi qu'actuellement la soupe, et 5° la collation ou réveillon, mode qui est encore en usage dans bien des familles à la sortie du théâtre.

Louis le Jeune (1120-1180), grâce à son passage au moustier Saint-Johan, nous laisse un document intéressant pour la fin du XIIᵉ siècle. On voit que le dîner se composait de 14 plats de soupe, 14 plats de *rost* dressés sur un même plat en pyramide, que trois frères laids avaient peine à porter ; de 12 salades et de 14 citrons espicés, 14 plats d'entremets ou dessert.

Pour le coût de ce dîner, il fut alloué au Frère Thibault, cellérier du couvent, la somme de septante sols et huit deniers. (Manuscrit de la Bibliothèque de l'Arsenal.)

Vers la fin du XIVe siècle, on disait que l'on pouvait manger quarante animaux terrestres et quatre cents aquatiques. Les livres (ou plutôt manuscrits) nous donnent pour cette époque trois cents préparations différentes : potages, ragoûts, rostis, sauces ; dix-sept légumes et gourmandises telles que : gauffres à la chandelle pour graisser les fers, jambon cuit au fumier, pêts de p. ou benoites, pêts d'ânes, etc., etc., mais l'élégance approche.

§

Le 5 mars 1558, un peu avant la onzième heure du jour, pénétrons dans la salle basse d'un manoir édifié tout de neuf et enrichie de meubles fort exquis et précieux. Approchez de cette haute cheminée dont le manteau est supporté par de sveltes cariatides ; remarquez, au milieu de cette couronne de lauriers et de fleurs, le buste en bronze du feu roi François Ier: Saluez l'auguste modèle de la chevalerie, le Père des lettres, des sciences et des arts !

Sur les parois, à droite, devant ces belles tentures d'Arras où sont pourtraits au vif les déduits de la chasse à l'oiseau, voyez ce dressoir élégant fait en bois de noyer rubanné, ces panneaux et son dosseret ont été sculptés d'après les dessins de défunt maître Roux. Là, sur des tablettes tapissées de velours, brille à la clarté des verrières de couleur, les hanaps, les salières émaillées, les vases d'argile dits *rustiques figalines*, et les bassins et les aiguières d'argent ciselés, ouvrages de Courtois, de Palissy et de Duvet.

A gauche, au-dessous de la croisée du centre, vous

apercevez une table parée d'un tissu de fin lin d'Artois, mignonnement damassé; on a étalé sur cette nappe un tranchoir de vermeil, surchargé d'une pile de tranches de pain et d'une trousse de cuir doré, contenant *forches et cousteaux* pour servir les viandes; car un festin s'apprête; ce grand couvert vous le dit. Un jeune page faisant brûler des parfums, et ces serviteurs qui vont et viennent hâtivement, font deviner que l'hôte et ses convives sont près de faire ici leur entrée.

Arrêtez-vous, en attendant, devant cette belle porte; voyez dans le timpan ce blason d'argent, avec six feuilles de houx de sinople; c'est celui du maître de céans, de messire Pierre de la Vieuville, baron de Rugles et d'Arseifliers, fauconnier et gentilhomme servant du roi Henri II. Il célèbre en ce jour, avec l'élite de ses amis, la prise de possession de cette belle demeure.

Pages et varlets s'empressent de donner à laver.

Le maître et la maîtresse assignent les places à table; chacun est encore debout devant celle qu'il doit occuper; le plus âgé fait le signe de la croix et récite à voix haute la prière d'usage au commencement du repas. On s'assied. Un siège demeure vide… il est réservé au vitruve lyonnais, à messire Philibert Delorme. Au moment où il allait se rendre à cette fête, Madame Diane de Poitiers l'a envoyé quérir pour s'entretenir avec lui des embellissements en œuvre à son château d'Anet; le seigneur de la Vieuville, averti de ce contre temps, en a ressenti un vif déplaisir.

Les premiers moments du festin se passent en silence; l'appétit s'oppose à toute conversation; cliquetis de couteaux et cuillers est tout ce qu'il est donné de pouvoir entendre. Aussi, vous devez observer que déjà l'on vient

desservir les restes d'un potage copieux, composé
d'*huîtres, de moules et de riz safrané*, ainsi que les
reliefs de deux grands plats garnis de *deux pièces de
bœuf, de veau, de mouton et de lard, entremêlés des
meilleurs légumes de la saison*. Mais le *vin de Dijon*
est offert à la ronde dans un large hanap de cristal. Cette
liqueur généreuse anime les esprits et délie les langues ;
vives saillies succèdent, plaisants devis se font ouïr : on
n'en arrête le cours un instant que pour considérer les
airs d'importance et la marche grave de cinq gros
varlets, bravement accoutrés, ayant la charge de dresser
le second service. Le premier apporte des *oisons à la mal-
voisie* et des *murènes en tronçons revêtus*, le deuxième
un *ventre d'esturgeon à la lombarde* et *un quartier de
chevreuil au fromage de Milan* ; celui-ci *des perdrix à
la tonnelette* et du *soleil de blanc-chapon* ; celui-là de
l'*oriflan de gelée* et de la *dariole aux pointes de
diamant* ; et le dernier, le plus robuste de tous, rehausse
cet ensemble d'un énorme *pâté de sarcelles* qui est
flanqué aussitôt de deux salades de *raiponce de Meaux*
et de *cresson de Macédoine, décorées de rouelles de
concombre et ognons confits*...

Place, place ! Voici venir Saupiquet, le maître-queue
de l'hôtel ! Fier de ses droits, aux honneurs d'un
triomphe, ce zélé serviteur élève pompeusement ses
bras pour mieux montrer le *jeune et beau cygne rôti*,
auquel il a su rajuster un cou gracieux et des ailes
éployées, éclatantes de blancheur. Il laisse ignorer que
les flancs de la victime recèlent bon nombre de *vanneaux,
de pluviers* et de *guignards*. Admirez avec quelle adresse
ses mains nerveuses déposent cette pièce d'apparât au
centre de la table. Tous les regards sont fixés sur le bel

oiseau. Pendant ce temps on groupe à ses côtés, avec art et symétrie, une foule d'entremets délicieux, et on lui donne pour support, en tête et en queue, de fines bêtes à plumes, sauvagine et poulaille, un *puits de crème fouettée* et une *pyramide de gâteaux bcfueulx.*

L'hôte impose silence ; il a la tête découverte ; il parle d'un ton digne ; écoutez. Il propose de boire à la prospérité du très chrétien et très redouté Roi de France, Henri, deuxième du nom, dont la bannière fleurdelysée vient d'être plantée vaillamment et à toujours sur les bastilles et remparts de Calais. Qu'il fait beau voir, à ces mots, les coupes remplies de vin de Reims, élevées presque toutes à la fois ! C'est à qui fera raison avec le plus d'enthousiasme et d'amour !

A cette heure examinez la manœuvre de cette grande nef d'argent richement pavoisée et qu'on fait rouler sur la table.

Elle porte à son bord, Hypocras et Rossolis ; chacun y puise bellement au passage. Le drageoir circule de mains en mains ; on fait largesse de confitures et d'épices ; grâces sont dites et l'on va quitter la table. Un page annonce Messire Philibert Delorme ! Aussitôt la compagnie se lève, s'avance et l'entoure. — Hé ! quelles nouvelles de la cour? etc., etc. (1).

(1) Extrait du *Vieux Paris,* par C. Turpin.

MENU

du repas offert à Louis XIV en 1666 par Madame la Chancelière en son château de Pontchartrain.

PREMIER SERVICE : Huit pots à oille et seize hors d'œuvre chauds.

DEUXIÈME SERVICE : Huit grands relevés desdicts potages. — Seize entrées et de fines viandes.

TROISIÈME SERVICE : Huit plats de rost et seize plats de légumes apprestiés au coulis de viandes.

QUATRIEMÉ SERVICE : Huit pâtés ou viandes et poissons froids et seize salades creües, à l'huile, à la cresme ou au beurre.

CINQUIEME ET DERNIER SERVICE : Vingt et quattre pâtisseries diverses. — Vingt et quattre jattes de fruits creüs. — Vingt et quattre assiettes de sucreries. — Conserves et confitures seiches ou liquides.

En tout 168 plats ou assiettes sans compter les confitures.

Pendant la minorité de Louis XV, la table est moins somptueuse.

Voici un menu de printemps pour la table de M. le Maréchal de Villeroy, gouverneur de Sa Majesté :

Il est composé de 5 services, en tout 106 plats. C'était assez copieux pour un enfant.

Pour 16 couverts sous la Régence, 34 plats copieux suffisaient.

MENU

contrôlé par M. le Vicomte de Béchameil maître d'hôtel de Monsieur le Régent. — 100 couverts, 2 services.

PREMIER SERVICE. — Vingt-quatre potages. — Cinquante grandes entrées. — Huit moyennes entrées.

Deuxième service : Vingt-quatre grandes entrées pour relever les potages. — Soixante-six petites entrées pour relever les huîtres. — Quarante-huit plats de rôts. — Soixante-six salades. — Trente sauces. — Soixante-six entremets pour relever les salades.

En tout 382 plats ou assiettes !

MENU

DU

Banquet servi devant le roi Louis XV, par J. Héliot, écuyer ordinaire de la bouche de Madame la Dauphine de France.

(Souper du Roy à l'Hôtel de Ville de Paris, le mercredi 8 septembre 1745.)

Deux entrées. — Quatre oilles. — Huit moyens potages. — Douze grosses entrées de poissons. — Trente-deux entrées de viandes. — Quarante-quatre entrées moyennes. — Douze entrées de relevé, dans des terrines. — Quatre hors-d'œuvres devant le Roy. — Deux grands entremets. — Trente-deux plats de rôts. — Deux moyens plats de rôts dans les bouts. — Deux petits plats devant le Roy. — Quarante entremets froids. — Un gâteau d'oreillons de sanglier (!!!) — Un de saucissons aux pistaches (!!!) — Quarante-huit entremets chauds et enfin cent trente assiettes de dessert.

En tout 376 plats.

(Un beau dîner, ma foi; il pouvait bien répondre après cela : que si le peuple manquait de pain, il pouvait manger de la brioche !)

En 1788 en pleine misère du peuple :

Souper de huit couverts, servi chez Mmes de France, en leur château royal de Bellevue, le 17 juin 1788.

Un dormant ou plateau de neuf pièces de glaces avec statues, vases, gerbes de fleurs et corbeilles de fruits. — Huit potages. — Huit relevés de poissons. — Huit grosses pièces pour les extrèmes flancs. — Quarante huit entrées. — Pour extra, douze assiettes volantes. — Huit grosses pièces d'entremets. — Huit plats de rôts, pour les extrèmes flancs. — Quarante-huit entremets. — Extra, douze assiettes volantes de petits soufflés en caisse. — Quatre-vingt-seize assiettes de dessert.

Et en voici un, servi sous le citoyen Barras, directeur général :

Un potage. — Un relevé. — Six entrées. — Deux plats de rôts. — Six entremets. — Une salade. — Vingt-quatre plats de dessert.

Observation du citoyen Barras. Trop de poisson. — Otez les goujons. — Le reste est bien. — Qu'on n'oublie pas encore de mettre des coussins sur les sièges pour les citoyennes Tallien, Talma, Beauharnais, Hinguerlot et Mirande, et pour cinq heures très précises. — Faites venir des glaces de Viloni. — Je n'en veux pas d'autres.

Signé : BARRAS.

C'était peu pour de si belles dames.

MENU

d'un dîner de la famille Bonaparte, aux Tuileries.

Deux potages. — Deux relevés. — Quatre entrées. — Deux rôts. — Deux plats de légumes. — Quatre entremets au sucre.

C'était des plats plus copieux que distingués.

Sous Louis XVIII, la prodigalité recommence et un dîner maigre, servi à Compiègne, comporte :

Quatre potages. — Quatre relevés de poissons. — Quatre grosses pièces. — Trente-deux entrées. — Quatre grosses pièces d'entremets. — Quatre plats de rôts pour les contre-flancs. — Trente-deux entremets. — Dix assiettes de petits soufflés ou croustades. — Huit corbeilles et dix corbillons. — Douze assiettes montées. — Dix compotiers. Vingt-quatre assiettes et six jattes.

En tout 154 plats ou assiettes.

Voici comme conclusion un grand dîner officiel, servi à l'Elysée par M. Félix Faure, Président de la République au roi de Grèce :

Novembre 1895.

La table dressée dans la salle à manger du rez-de-chaussée était ornée de surtouts en argent d'une ciselure artistique et contenant des gerbes de fleurs ; elle comprenait une soixantaine de couverts. Des massifs de verdure étaient disposés dans chacun des salons.

MENU DU DINER

Huîtres de Zélande.
Potage.
Crème aux crevettes.
Carpes de la Creuse, glacées.
Selle d'agneau de pré-salé à la Parisienne.
Grives de Corse, aux cerfeuils bulbeux.
Poulardes du Mans, aux truffes.
Pâtés de bécassines de Chartres.
Sorbets au Clicquot.
Spooms au vin d'Albios.
Dindonneaux flanqués d'ortolans.
Truffes, au vin de Champagne.
Parfaits de foie gras.
Salade niçoise.
Chayottes à la Créole.
Cardons à la moelle.
Mazarine d'abricots et framboises.
Glace Demidoff.
Gaufrettes.

C'est rationnel, distingué et confortable. Il est inutile de dire que le service est à la hauteur du menu.

PROGRÈS MODERNES

Quoique les grecs d'Athènes eussent pratiqué la variété dans les mets qui composent un repas luxueux, on peut dire que c'est aux Romains décadents que revient l'honneur d'avoir poussé le système jusqu'à la fureur : c'était une suite de caprices sans goût et sans ordre, aussi stupides que coûteux, sans utilité raisonnée soit sous le rapport de l'amélioration de la race, le développement du commerce, le progrès artistique, des mœurs ou des bienséances. Sous tous ces rapports, les animaux étaient mieux traités. Ils avaient des herbes choisies, des grains triés, certain empereur poussa même le soin jusqu'à faire dorer l'avoine servie à son cheval, tandis qu'Hétiogabale nourrissait ses chiens favoris avec des foies gras d'oie. Les heures de leur repas étaient fixes. Pour la prise de fonctions publiques de certaine importance, il y avait un repas obligatoire, auquel les invités ne pouvaient se dispenser d'assister sans une attestation de *serment* de plusieurs témoins, il n'y avait aucune loi qui fixât le nombre de mets qu'on y pouvait servir ; aussi la variété dégénéra bientôt en gaspillage et nous le verrons aller en augmentant jusqu'à ce que le christianisme naissant, décrète la sobriété comme une vertu publique.

La Renaissance reprend un peu la tradition romaine et la modifie, peu à peu, au point de redevenir un excès jusqu'à la révolution. Mais elle reste, toutefois, l'apanage de certaines familles princières, de robe ou d'épée.

La découverte du nouveau monde contribua au progrès des repas, en introduisant en France de nouveaux aliments, facilita le choix des mets en important de nouveaux volatilles propres à remplacer les grosses pièces ; ainsi, il put se raffiner dès lors presque de lui-même.

L'introduction régulière du café, du cacao, du thé, de la canne à sucre ou de son produit favorisèrent la création de nouveaux desserts ; des élixirs achevèrent l'évolution commencée sous la Renaissance ; la diffusion de l'imprimerie permit de transporter les formules dans tous les coins du globe où existaient des penseurs ; les différentes manières de se tenir à table furent comparées, on adopta des sièges plus commodes, les fourchettes apparurent, les verres devinrent plus communs et plus petits ; les plus longues stations facilitèrent les causeries entre convives et les lectures devinrent plus à la mode ; les liqueurs, plus ardentes, excitèrent mieux l'esprit que le vin ; chacun dit son mot, ses réflexions ; les femmes, toujours disposées à jouir des droits que la politesse, mieux développée, leur octroie, décernèrent l'éloge, le blâme ou un prix et posèrent de nouvelles règles plus sévères ; mais aussi combien plus enviées furent les récompenses puisqu'elles étaient plus rares.

Dès lors on voit que l'évolution du repas a été complète et l'on peut dire, que : si jusqu'au jour où l'homme appliqua la découverte du feu à ses besoins alimentaires, il broutait (de là peut-être le développement si accentué des dents incisives et par suite la forme de *galoche* si fortement prononcée du menton des crânes quaternaires) ou dévorait ni plus ni moins que les herbivores et les carnivores; il se reput jusqu'à l'époque plus heureuse où les premières lois d'hygiène étant formulées nettement, le repas devint religieux et social; ce but, moral, en quelque sorte conquis à force de tenacité, de menaces et même de châtiments, développa la politesse, celle-ci les concessions sociales et par surcroît les échanges. Plus les hommes se connaissent et s'apprécient et plus les relations se multiplient, plus les besoins augmentent et plus la nécessité les oblige à penser, à réfléchir, à se communiquer les réflexions. La collaboration s'impose et une règle plus générale se dégage de ces nouveaux progrès. L'homme acquiert de nouveaux goûts qui lui imposent de nouvelles obligations et celles-ci une fois méthodiquement réglées, lui permettront de manger avec plus de discernement, en feront le gourmand du commencement de ce siècle, et finalement le gourmet distingué de nos jours.

§

Nous avons vu les peuples primitifs manger pour se nourrir; les pasteurs se réunir à table pour y faire les premiers échanges et quelques essais de lois morales; les Spartiates afin d'entretenir leur vigueur morale et civique; les Athéniens pour jouir des conquêtes orientales; Rome pour faire assaut de luxe et d'orgueil; l'ère chrétienne et le Moyen-Age pour se purifier; dès le xvᵉ siècle, pour développer les beaux-arts; au XVIᵉ, pour cultiver les lettres; au VXIIIᵉ pour développer le patriotisme; sous le second empire, pour s'étourdir. Aujourd'hui on se réunit pour jouir en raffiné des conquêtes réalisées sur tous les éléments, pour faire assaut de goût et d'érudition.

Pour être convive aimable sous Lucullus, il suffisait d'avoir de vastes capacités, tandis qu'à notre époque il faut être réellement bien élevé pour rester une heure à table sans y commettre un impair. Le *Code du Gourmet*, publié dernièrement par le *Figaro*, donnera une idée exacte du progrès réalisé et des qualités requises par la conviabilité actuelle. Ce document nous paraît avoir sa place marquée dans cette étude.

CODE DES GOURMETS

I. — Pour bien manger, il faut être au moins deux, au plus douze.

Seul à table, le dîneur souffre de ne pouvoir parler des satisfactions ressenties. En trop nombreuse compagnie, il risque d'être distrait des méditations que les mets doivent inspirer.

II. — Les hors-d'œuvre ne méritent presque jamais qu'on en cause, il serait pitoyable de s'écrier : Ces sardines sont délicieuses ! Toutefois, si, par suite d'une difformité du goût, on est passionné pour l'une ou l'autre de ces inutilités, on en sera quitte pour en prendre double part, à la dérobée.

III. — Une conscience tranquille est presque indispensable à la saine pratique du repas.

L'homme honnête est celui qui mange en souriant.

IV. — Jusqu'au troisième service, on ne doit parler que de ce que l'on mange, de ce que l'on a mangé et de ce que l'on mangera. L'esprit, entretenu de ces choses, ne risque pas ainsi de s'égarer vers d'autres sujets et de troubler le salutaire exercice des mâchoires.

V. — Le plat dont on ne redemande pas est la leçon du cuisinier.

VI. — Les gens qui aiment le poisson ont généralement le caractère tranquille, à cause des arêtes. Mangez doucement toujours, peu à la fois. C'est le moyen de manger longtemps, agréablement.

VII. — L'ivrogne boit pour avoir soif.

L'inepte boit pour n'avoir plus soif.

Le gourmet boit pour savoir s'il a soif.

Humez, dégustez, buvez.

VIII. — La pâtisserie est le fromage des dames.

IX. — Avant de goûter aux mets chauds, il est bon d'en laisser le fumet monter doucement à soi. C'est se priver bénévolement d'un plaisir délicat que d'attaquer un plat sans en avoir d'abord apprécié le parfum.

X. — Un bon dîner est un idéal rêvé qui se réalise jusqu'au rôti inclusivement. La salade est le coup de cloche du réveil, qui fait redescendre sur terre.

A partir de ces mets, redevenez sociable, graduellement, puis, si possible, intéressant et brillant comme le repas lui-même, dont l'éclat de votre conversation est comme le reflet intellectuel et le résultat moral immédiat.

C'est pourquoi ne parlez pas, au dessert, de la Tour Eiffel ou de tel autre sujet rebattu. Quand on a bien mangé, on a le devoir d'être spirituel.

(Figaro.)

§

Le porc farci de boudins, d'oiseaux et de figues des Grecs; le bœuf entier des Romains, sont remplacés par le faisan, la dinde ou la poularde truffée. A l'épaule de marcassin servie à un convive, succède une légère tranche de filet. Plus les vins étaient fameux et renommés, plus les coupes étaient grandes et les rasades répétées. Aujourd'hui les verres sont à peine approchés des lèvres qu'ils sont vidés, et servir deux fois du même cru est tout au plus permis.

On passait la journée à table au milieu d'un désordre incroyable; une heure suffit au gourmet moderne pour faire le tour du globe, la fourchette en main; tout cela en même temps qu'il s'entretient avec ses amis, qu'il envoie des ordres ou reçoit des nouvelles des quatre points cardinaux de l'univers.

Eh bien! tout cela est encore loin de lui suffire et le progrès le pousse à faire de nouvelles conquêtes. L'humanité ressemble au Phénix de la fable; des cendres du siècle écoulé, doit sortir un siècle neuf qui produira d'autres hommes, ayant d'autres goûts plus raffinés, d'autres besoins, d'autres talents, d'autres aspirations, de nouvelles conquêtes à opérer.

C'est pour cela que si les premiers hommes mangeaient, poussés par l'instinct de la conservation, les seconds pour mieux terrasser les animaux, sans fixer un but à l'activité et aux forces que leur départait une nourriture conquise seulement aux prix d'efforts musculaires; les guerriers pour avoir plus de courage devant l'ennemi; les Spartiates pour mieux combattre et mourir pour leur pays; les Athéniens pour mieux se distraire; les Romains pour mieux jouir et s'étourdir; les Chrétiens pour mieux se purifier et s'entr'aider; les Français du Moyen-Age ne mangeaient qu'à l'aide de rapines ou bien une nourriture malsaine et misérable. Si, sous la Renaissance, on mangeait pour se communiquer les premières joies écloses sous la bienfaisante impression de ces inimitables chefs-d'œuvre, créés par ces génies audacieux et nombreux, on se réunira au XVIIᵉ et XVIIIᵉ siècle, pour discuter littérature, philosophie, morale et politique, découvertes et échanges commerciaux.

Ces diverses évolutions, lentes, longues et presque inaperçues, préparent une révolution du vieux monde, parce qu'entre les héritiers de ces diverses époques, s'obstinant à garder chacun une trace de leur ancienne caste, un conflit est fatal, inévitable, qu'aucun ne veut céder des privilèges acquis ou transmis.

Les dernières années de la monarchie font prévoir un changement dans la direction gouvernementale. Il y avait trop d'insouciance dans la haute société. En lisant les mémoires de l'époque on est frappé du contraste extraordinaire qui était en quelque sorte la note dominante de la fin du XVIIIe siècle et on comprend la raison qui faisait dire plus tard au prince de Taleyran « que celui qui n'avait pas connuces moments, ne pourrait jamais comprendre la douceur de se laisser vivre ». Élégante autant que sceptique et frivole, la haute société courait à sa perte en fermant volontairement les yeux, se figurant ainsi éviter de tomber dans le gouffre qu'elle côtoyait, indifférente et presque résignée.

Le peu d'ardeur qu'elle mit à défendre son roi est une preuve convaincante de cette passivité peu louable, erreur du reste, qu'elle expia cruellement, lorsque les aspirations de la masse brisèrent cette négation et firent jaillir de ce choc l'étincelle qui mit le feu au vieux monde.

L'HEURE DES REPAS

Malgré les tentatives faites à plusieurs reprises pour fixer l'heure des repas, il faut arriver à François Ier pour voir cette coutume s'établir : à neuf heures du matin, on déjeune et on dîne à cinq heures.

Henri IV apporta la mode gasconne, onze heures et six heures.

Si son désir de voir chaque paysan manger une poule

tous les dimanches n'aboutit pas, il n'en fit pas moins la constitution de la France actuelle en inaugurant une politique nouvelle, et fixa également l'unité de la langue française, si peu respectée, toutes deux, jusque-là. Ses lettres sont remarquables par le style, l'élégance et la lucidité qui y règnent et peuvent encore servir d'exemple.

Après l'ordre et les transactions commerciales d'une nation assurés, rien n'est important comme l'heure du repas d'un peuple.

L'estomac, habitué à recevoir satisfaction à tel moment de la journée, éprouve des défaillances qui rendent l'homme nerveux et inapte aux affaires, cruel et sanguinaire si plusieurs fois de suite ces heures passent sans qu'il reçoive une subsistance devenue nécessaire. L'heure du berger le laisse même indifférent, et s'il faut combattre il est sans ressort et sans courage.

Mettez un commerçant ou un guerrier à jeun avec un autre qui a copieusement dîné, vous verrez l'impatience de l'un, la lucidité et tranquillité de l'autre. Que sera-ce quand vous mettrez en présence deux armées ennemies ? les conséquences en peuvent être terribles. Ces faits se sont présentés et ont amené des résultats qui sont consignés dans l'Histoire.

Il en est de même suivant que les heures du repas sont propices aux causeries, aux jeux et amusements, au commerce et à l'industrie ; les affaires nationales prennent une tournure différente et l'ensemble de la vie sociale se modifie ou se perturbe. La ville industrieuse doit couper la journée en deux afin que les forces se réparent doublement. Le contraire doit avoir lieu pour les villes artistiques, les repas doivent précéder le travail et le suivre. Mais toujours on doit s'arranger de façon que l'heure du *dîner* soit la plus belle et la plus sérieuse de la journée. Pendant que l'on dîne, on se repose, on est entouré des siens que les travaux différents éloignent du foyer domestique. Les soins et prévenances affectueux des enfants, de la mère, reposent le cœur et l'esprit, font oublier les vicissitudes et les difficultés commerciales ou autres. On voit les enfants grandir et vous sourire. C'est là que l'on prépare l'avenir, que l'on invite ses amis, que l'on reprend des forces pour la lutte, que l'on impose silence à tous soucis, que l'on répare ses forces et que l'on donne l'essor à ses vraies qualités.

Y a-t-il une autre heure dans la vie journalière vous procurant le même plaisir, le même profit et cela sans nuire à autrui? Aussi la meilleure partie de la vie active de l'homme se passe-t-elle à préparer cette heure bénie pour ses vieux jours. Combien malheureux sont ceux qui ne peuvent journellement avoir une pareille heure assurée.

LE PROGRÈS

La vapeur fera mieux apprécier encore l'heure des repas et la valeur du temps que gaspillaient nos ancêtres. On fera le repas plus substantiel et plus facile à absorber, on voudra l'avoir à sa disposition à l'heure habituelle et à l'endroit où l'on se trouve, on demandera à la chimie de trouver le moyen de conserver les aliments ; une manière plus rationnelle de les classer.

Les famines seront moins redoutables, les longs voyages plus faciles et plus répétés.

§

Le temps gagné sur les heures du repas était une nouvelle étape vers des nouvelles conquêtes, de nouvelles modifications.

Le cerveau, plus libre, avait beaucoup plus de loisirs, plus de tendance à la méditation : les grands problèmes sociaux étant abordés par un plus grand nombre de penseurs apporteront différentes données. Les corps savants nouvellement constitués les étudieront ensemble et les vérités jailliront à flots au lieu d'attendre l'éclosion particulière qui, souvent, ne pouvait avoir lieu faute de fonds, d'instruction ou de liberté.

RÉTROSPECTIVITÉ

Si, faisant encore un retour en arrière, nous considérons le temps qu'il fallait à l'homme pour atteindre sa proie sans aucun instrument et sans collaborateur ; nous verrons que la journée lui suffisait à peine soit pour cueillir des fruits, des herbes ou chasser les carnassiers qui devaient le substanter ainsi que sa famille ; et par conséquent combien il lui était difficile de faire des progrès rapidement. Nous verrons également que le soin du repas n'était pas une occupation négligeable quand éclatait une guerre dans les premiers temps où l'homme vivait en société, aussi consacrait-on à ce soin les moins valides et les moins forts, pour laisser plus de temps aux guerriers afin de s'entraîner à la lutte ou poursuivre l'ennemi. On voit donc que si l'heure du repas, sa confection, la valeur du temps que l'on employait, n'avait pas toujours la même importance, on peut affirmer qu'il fut toujours d'une frugalité remarquable dès la fondation d'un peuple, d'une république ou d'un royaume, plus abondant et plus poli vers l'apogée, plus fastueux et moins décent vers le déclin jusqu'à la ruine.

§

Si nous établissons un autre parallèle, celui de la nourriture des ouvriers manuels des trois dernières époques historiques que nous venons d'analyser, nous voyons que : 1° Jusqu'à l'époque égyptienne où pointent les Beaux-Arts, grâce à l'alphabet que cette nation venait de créer ; la nourriture est grossière sans distinction, ni régime bien établis, tantôt frugivore, tantôt omnivore — mais celle-ci rarement — suivant l'époque, le lieu de la saison, mais elle était toujours précaire, les provisions n'existant pas. C'était l'époque nomade.

Quand le ministre Joseph, déjà cité, eût divisé le peuple en plusieurs castes, créé les greniers publics, l'ouvrier manuel eut à sa disposition un pain plus sain, plus régulier et des heures à peu près fixes pour ses repas et son repos.

Hérodote nous dit que le peuple mangeait du pain de figues et de froment et beaucoup d'ail et d'oignons ; malgré cela, il était vigoureux et actif. Il mangeait aussi du riz et des dattes, peu ou rarement du vin, mais de la bière, que cette nation avait aussi créée ; 2° la deuxième époque gréco-romaine, qui systématisa les beaux-arts, donna naissance à la Philosophie et à la Morale, à la séparation des pouvoirs militaires, religieux et civils ; les ouvriers manuels sont tenus en esclavage, font partie de l'Etat ou du domaine du maître, qui, seuls, peuvent les affranchir ; sont chargés des travaux pénibles et bas, et leur nourriture se compose de pain grossier, de poissons, de viandes ordinaires et peu estimées, défendues même en certaines contrées aux hommes libres. Le repas, quoique pris à des heures fixes, est court, et la pitance toujours en rapport ; 3° l'époque romaine, modifiée petit à petit par le christianisme, améliora le repas du pauvre, puisque ceux qui possédaient ne rougissaient pas de le partager avec les déshérités, mais le fanatisme religieux et inquisiteur du Moyen-Age fut tellement rétrograde, souleva de telles guerres intestines et étrangères, si longues, si barbares et meurtrières, qu'elles détruisirent l'embryon d'industrie et de commerce existant, créèrent une misère telle que, pour vivre, l'ouvrier, le soldat et le paysan furent de nouveau obligés de se faire l'homme-lige de quelqu'un plus audacieux, moins scrupuleux ou plus fortuné ; grâce à cet enrôlement, forcé plutôt que volontaire, le prolétaire dut en partie de ne pas mourir de faim.

Et quand, nous dit Montaigne, « l'ouvrier ne mourait pas de faim, de froid ou de mâle mort, la malpropreté engendrait une peste qui rétablissait l'équilibre entre les provisions et les survivants. »

La Bruyère, après Montaigne, est encore plus énergique, et son tableau du serf de l'époque est trop exactement semblable aux remarques des historiens de ces malheureuses époques pour qu'il soit suspecté de partialité. Aussi, pour ceux qui croient qu'à cette époque de *religiosité* outrée et générale le monde était heureux, nous nous permettrons de le retracer, espérant que cette lecture, suivie d'une comparaison, suffira pour le convaincre du contraire.

« On voit, dit-il, certains animaux farouches, des mâles et des femelles, répandus dans la campagne, noirs, livides, nus, et tout brûlés du soleil, attachés à la terre qu'ils fouillent et remuent avec une opiniâtreté invincible. Ils ont comme une voix articulée, et, quand ils se lèvent sur leurs pieds, ils montrent une face humaine, et, en effet, ils sont des hommes ; ils se retirent la nuit dans des tanières, où ils vivent de pain noir, d'eau et de racines. Ils épargnent aux autres hommes la peine de semer, de labourer et de recueillir pour vivre, et méritent ainsi de ne pas manquer de ce pain qu'ils ont semé. »

Et ceux qui ne pouvaient travailler, qu'avaient-ils ?

Il semble naturel à cette époque qu'un fléau devait empêcher la multiplication de l'espèce, contrairement à l'ordre donné par le Christ, pour lequel ces hommes combattaient, qui avait édicté le principe : « Croissez et multipliez. » Il est vrai que l'industrie n'existant pas, le commerce était difficile et l'avenir paraissait bien peu assuré ; cette inquiétude, quoique mitigée par les promesses d'un avenir meilleur dans l'autre monde, les rendaient sanguinaires et cruels, de là ces luttes fratricides qui ont ensanglanté cette période si triste, précédant la découverte du nouveau monde et les richesses qu'il possédait, nouvelle qui rasséréna la Société et la prédisposa à la mansuétude. Elle eut, en outre, une autre conséquence. On discuta de nouveau sur la création du monde ; le doute s'agrandit, les nouvelles données scientifiques, en répandant la lumière, agrandirent le doute soulevé par Montaigne, Rabelais, etc., qui, s'infiltrant peu à peu dans les esprits, dans les discours, fit désirer plus de liberté dans les discussions. Le commerce, tenu en tutelle par les congrégations, profita également des discussions et réunions de l'époque et essaya de s'émanciper ; mais l'heure de cette émancipation ne devait sonner qu'à la grande crise. C'est alors que l'on verra combien la liberté des cultes était précieuse et nécessaire pour donner de la vitalité à un peuple courbé sous le joug despotique d'une religion.

§

Le schisme de Luther eut pour principale cause les jeûnes infligés arbitrairement aux estomacs de l'Allemagne goulue. Il ne fallait pas que l'Église touchât au pouvoir temporel de l'estomac national, au point de le détruire, surtout dans un temps où les principaux échanges se portent, faute d'autres, sur les denrées alimentaires. L'Édit de Nantes eut aussi le même tort. Par suite de ces lourdes fautes, la face de l'Europe se trouva changée au point que nous en pâtissons encore.

Les découvertes culinaires faites avec tant de lenteur, s'expatrièrent. Bayonne, Mayence et Francfort créèrent le commerce des jambons. Strasbourg, ses pâtés, saucisses, lard et choucroute ; la Hollande, ses fromages et ses harengs ; l'Italie, ses pâtes fines ; l'Espagne, son chocolat. L'aristocratie, de même que l'Église s'appauvrit en ne s'occupant pas du ventre du pauvre. Louis XV le raillant quand il n'a pas de pain, était moins clairvoyant que Henri IV, décrétant la poule au pot qui lui valut tant de partisans. Nous allons voir une preuve plus éclatante de ce que peut la liberté des cultes.

Aussitôt décrétée par la *Constituante*, cette liberté créa l'industrie. On voit tout naître à la fois, comme si elle était le tocsin appelant les génies ou endormis ou cachés. L'électricité, la vapeur, le tissage, la navigation, la culture, la mécanique céleste et les mathématiques, la médecine et la chirurgie, tout surgit à la fois. Les grands capitaines naissent spontanément, pour ainsi dire, l'imprimerie, cette nourrice de l'esprit s'émancipe, les ballons explorent les airs, la vapeur raccourcit les mers, les cloches à plongeur en explorent les bas fonds, la télégraphie supprime les kilomètres routiers ; tel est le résultat de ces merveilleuses découvertes, accomplies comme par magie. Aussitôt décrétée, la liberté de conscience met à la portée du prolétaire de l'époque, toutes les commodités, toutes les espérances ; l'honneur de commander et de légiférer comme le faisaient les riches et les privilégiés à peine dix ans en arrière !

Si l'on compte la série de siècles qu'il avait fallu au prolétaire pour s'émanciper, on reste confondu devant l'impétuosité d'une pareille victoire, et on se demande pourquoi, lorsqu'elle paraît si simple il a fallu cette longue succession d'années de misère, de privations et de deuils !

Ah ! combien nous paraîtront coupables ceux qui ont empêché l'humanité de s'élancer radieuse dans cette voie bienfaisante de paix, de lumière et de travail.

Époque à jamais glorieuse, phare lumineux marquant la nouvelle ère sociale entrevue mais toujours fuyant devant les peuples désespérés, sois bénie pour l'espoir donné. Que les générations futures qui en recueilleront les fruits plus dorés, plus doux et plus mûrs n'oublient pas plus que nous la gratitude que nous devons à ces immortels français qui nous ont donné le droit, à nous ouvriers, de manger, de penser et de vivre à notre goût, de jouir des lumières de l'esprit, d'avoir la possession d'un intérieur confortable avec objets d'art, des meubles de choix, une bibliothèque personnelle, le droit et l'accès à toutes les places publiques, puisqu'il y a des ouvriers sénateurs, d'autres députés, en attendant qu'ils deviennent ministres (aujourd'hui, mai 1895, le Président de la République française est un ancien ouvrier), le droit également d'écrire comme je le fais en ce moment, grâce à l'instruction répandue à profusion, et d'exposer au grand jour le fruit de ses études, de ses méditations et de ses travaux manuels qui, quoique un peu pénibles et longs, laissent assez de liberté d'esprit pour les rédiger simplement, mais de bonne foi.

§

Le repas a également subi de grandes modifications et si, en général, le bien-être n'est pas absolu, on peut dire que plus de la moitié des artisans ont un repas confortable, varié et propre. La viande, le pain, le vin, le café, n'en sont pas exclus, comme au siècle dernier, les heures sont fixes, les endroits où l'on mange, chez soi ou au restaurant sont généralement spacieux, aérés; élégants presque, mais toujours gais. Encore quelques efforts de la part de nos gouvernants et les barrières sociales disparaîtront, au grand profit du monde entier, des grands et des petits, des forts et des faibles. Si on fait un tour dans nos jardins publics si heureusement multipliés, on est tout étonné du peu de différence qui existe entre les habits, la propreté et le petit goûter de nos mignons bébés, l'espoir, la joie et l'avenir de notre cher pays. Les mères de famille rivalisent d'émulation et d'amour, de goût et de dévouement ; les enfants s'inspirent de ces louables efforts et aux concours de fin d'année les premiers prix ne sont pas toujours du côté de la fortune.

Encore un pas dans l'enseignement de l'hygiène alimentaire trop négligé, malheureusement, et les écarts qui caractérisaient et séparaient les classes sociales ne seront plus qu'un souvenir.

La concorde développera le commerce et l'industrie ; l'État verra les impôts doubler sans les étendre, puisque le luxe et le bien-être général en sont les principales sources, et que les matières alimentaires en sont le nerf.

Si une nouvelle guerre survenait, malgré nos vœux pour la paix, la Patrie n'aurait plus de mortelles alarmes parce qu'elle aurait des hommes forts, courageux et dévoués. La sollicitude des pouvoirs publics attachent l'homme à ses devoirs de citoyen, d'époux et de père, et lui font chérir la Patrie.

La joie et le dévouement patriotique avec lesquels tous les Français se soumettent au repas uniforme de l'armée, depuis sa double évolution hygiènique et réparatrice, sont de bon augure.

Un nouveau désastre serait-il possible après de tels efforts ?

Que les pusillanimes y croient, mais qu'ils se taisent. Quant aux forts... il leur suffit d'être prêts à toute éventualité... et d'attendre les événements, en hommes sûrs de l'avenir.

§

Si maintenant nous comparons le temps qu'il fallait pour servir un repas sur une feuille et celui employé pour réunir les éléments qui le composèrent, avec les soins et le temps qu'il faut pour préparer un repas de nos jours, surtout si ce repas est officiel : on est abasourdi des progrès incessants, des précieuses conquêtes qu'à dû faire l'humanité à travers les âges pour arriver aux merveilles offertes à des convives de marque. Alors un arbre y pouvait suffire, tandis qu'aujourd'hui, l'air, l'eau, la terre et le feu, l'univers entier y suffisent à peine.

Au mouvement de cueillir si simple et si naturel des premiers hommes, succédèrent la chasse à la course, des troglodytes ; aux exodes des pasteurs, les travaux agricoles des premiers agriculteurs ; aux quelques essais de navigation grecque succéda les milliers d'esclaves chez les romains. Aujourd'hui, les ordres télégraphiques et téléphoniques suppriment aussi bien les intermédiaires que les monts et les mers.

Si l'on compare un dîner du plus célèbre des amphytrions de la Rome fastueuse, avec un dîner de nos jours, servi sous l'habile direction de Mme Carnot (1), on en saisira mieux la différence et on embrassera d'un seul coup d'œil l'ensemble des progrès réalisés depuis cette époque. Le nombre d'esclaves employés par Lucullus n'est guère plus fort que le nombre de villes qui fournissent les provisions nécessaires. Les kilomètres franchis par ces provisions nous feront sourire, comparés à ceux que franchissent celles si multiples et si nécessaires aujourd'hui, sans tenir compte de ce qui est produit sur place et en toute saison.

(1) Mai 1894.

Le voisinage des convives d'alors nous paraîtra une ironie, si nous remarquons la diversité des nations et l'éloignement des invités d'un diner diplomatique.

L'invitation nécessitait des courriers extraordinaires, aujourd'hui il suffit d'appuyer sur un bouton et c'est fait. Pourtant des mondes inconnus aux romains existent et des hommes d'Etat de ces pays reçoivent des invitations. Les mets servis sont tout aussi exotiques que les convives et de premier choix. Les nids d'hirondelles viennent de la Chine, le poisson du Nord, le renne du Groënland, les poulardes d'une partie de la France, les truffes de l'autre, le gibier de l'Ecosse, les primeurs d'Algérie, les pâtes d'Italie, les fruits des îles de toutes les mers, les fleurs des sommets les plus inaccessibles ou des forêts les plus impénétrables, les vins de tous les pays d'Europe ; la glace qui frappera le sorbet astringeant et l'émoustillant champagne vient de la Suède et de la Norwège, les fromages d'un peu partout, le linge, la vaisselle, les objets d'arts qui ornent la table aussi ; le café, le thé et le tabac, tout cela ignoré des romains, viendront des antipodes. Comptez les mains dans lesquelles doivent passer tous ces éléments indispensables à la confection d'un dîner de 50 couverts et remarquez que le tout sera servi dans *une heure*, que tout sera exquis, le service irréprochable et présidé avec un tact et une bonne grâce parfaits.

Les invités, quoique des nations les plus opposées, ne seront séparés que de quelques jours de leurs familles, de leurs parents, de leurs coutumes, et cependant tous sortiront émerveillés et charmés par l'ordre, la précision et la rapidité du service, la bonté des mets.

Comment ne pas faire l'éloge de cette incomparable

Française qui a trouvé le secret d'illustrer une table que plusieurs femmes, supérieures à divers titres, avaient, croyaient-on, mis hors de pair (1).

VARIÉTÉ

La variété des provisions a fait aussi de merveilleux progrès depuis l'époque romaine.

Les primeurs nous font ignorer qu'il y a des saisons. Les divers climats n'ont plus de zones infranchissables à certaines époques. Le charme des détails, le goût dans l'ensemble et la décence ont suivi la même progression. Les *vomitarium* nous soulèveraient d'horreur au même titre que les combats de gladiateurs. La sauce piquante du célèbre Turbot comparée à notre exquise sauce mousseline, le *summmum* de l'art, nous fait sourire de pitié. Le consommé à la Française qui sert d'apéritif au commencement du repas, nous montrent les qualités acquises par les cuisiniers du jour et le raffinement du goût du public.

§

Si nous comparons encore l'effort intellectuel qui dicta le premier mouvement de *cueillir* pour faire le premier repas, avec celui que doit faire une maitresse de

(1) Il nous est pénible de renouveler à la mémoire de cette rare et digne fille, épouse, mère et veuve incomparable les succès que son goût de Française impeccable avaient obtenus à l'Elysée. Ce passage ayant été très applaudi à la lecture du manuscrit à l'Académie de Cuisine, ainsi qu'à la conférence que j'eus l'honneur de faire à l'Exposition Culinaire de 1893, rentre dans l'Histoire et ne peut être supprimé. Que la veuve inconsolable, dont la France entière partage la douleur et le deuil, nous le pardonne. — Juillet 1895.

maison actuelle, qui a remplacé ce mouvement si simple par une suite de combinaisons gigantesques, nous voyons également d'un trait les conquêtes qu'a dû faire l'exprit humain sous l'impulsion de la civilisation, de même que l'activité imposée à une amphitryonne entendue.

Le menu à dresser sans qu'aucune négligence fasse ressortir la hâte avec laquelle il doit être composé. Les invitations à faire parvenir, le linge à revoir, la vaisselle, l'argenterie, les cristaux, les fleurs, la table à dresser, la salle à chauffer et éclairer à point, les sièges commodes et spacieux, l'espace et le rang de chaque convive à désigner, les fruits, les vins, le café, les pâtisseries et les glaces, le tabacs et les distractions, les rafraichissements, le vestiaire, etc., etc... Si tout cela n'est pas à l'étiquette et à l'heure, de premier choix les uns, commodes les autres, le titre de maîtresse de maison à la mode lui sera disputé et alors, quel affront! Mais en revanche quel brillant succès, quand, au tact parfait, à la science culinaire impeccable, elle joint le talent de discerner les goûts de chaque convive, leurs préférences artistiques, littéraires, héraldique, politique ou religieuse : qu'elle sait *flanquer* convenablement tous les invités, les entourer sans le faire remarquer, des égards qui sont dus à leur rang, à leur âge où à leur valeur ; les rendre heureux les quelques heures qu'ils doivent passer sous ce toit hospitalier ; leur faire emporter un bon souvenir, une vive impression d'une réunion qui, sans ces soins discrets et entendus, n'auraient été pour chacun d'eux qu'une vulgaire corvée, un cauchemar vécu ; n'auraient eu qu'un désir, celui de s'esquiver à la sourdine !

Après les soins de la direction et du classement des convives, il lui reste encore ceux, si pénibles, du coup de feu. Le dîner sera-t-il réussi? servi chaud et à l'heure? Les vins auront-ils le degré de fraîcheur ou de chaleur qui les fait plus parfumés et délicats ? Le service sera-t-il rapide, régulier, silencieux, sans oubli de la part de la domesticité? A quelle tension d'esprit n'est-elle pas soumise, et quel affront, si, malgré ses ordres, ses prévisions et sa pratique, un accroc imprévu survenait! Pourtant elle est calme et cache ses angoisses et ses peurs dans un aimable sourire, ses gestes gracieux sont admirés, elle répond avec un esprit et un à-propos merveilleux à chaque invité, et le jugement qu'elle émet sur le succès ou la question du jour, art, théâtre ou mode, est prompt, sûr et bienveillant.

Pourrions-nous nous flatter, nous, hommes, d'accomplir un pareil tour de force? Combien de fois le voyons-nous faire pourtant à nos vaillantes Françaises? Si au moins elles étaient appréciées et remerciées de leur dévouement et de leur talent !

Joignez à cela les mille infirmités inhérentes à la nature féminine, s'ajoutant à tous ces soucis, et si vous n'êtes pas étonné de leur sang-froid, de leur grâce et de leur force, vous n'êtes pas digne de pitié. Combien parmi le sexe laid, seraient capable de sourire et de faire un pareil effort mental pendant quelques heures, et cela souvent devant un ennemi déclaré? Nous est-il permis d'oublier que c'est grâce à ces qualités réunies chez la femme de France, que nous devons l'éclat acquis par nos dîners dans le monde entier? Que ce sont ces brillantes qualités qui illuminent un foyer conjugal et en font une si précieuse école pour l'enfance destinée à les perpétuer, à les transmettre embellies, encore, afin que notre race privilégiée continue son ascension morale ?

Voilà pourquoi nous élevons la voix et nous plaignions de ce que, bien souvent, des gens assez fortunés pour pouvoir jouir tous les jours de ce spectacle réconfortant, désertent la table de famille, font fi de tous ces charmes réunis, de cette affection si dévouée et si vraie, pour aller manger seuls ; parfois mal accompagnés, dans des tavernes cosmopolites, des mets aussi peu propres qu'indigestes et sans goût !

La question nous paraît digne de fixer l'attention des gens sérieux, elle est réellement d'une grande importance, car l'*estomac national* est en jeu, comme nous l'écrivait dernièrement l'éminent philosophe, J. Simon, au sujet des *Éléments culinaires*.

Si, par cette rapide et incomplète étude du repas de nos ancêtres, nous avons pu convaincre nos lecteurs de son importance et du rôle qu'il a joué et qu'il joue par sa répétition journalière, sur les habitudes, les mœurs, les arts, les sciences, le commerce et l'industrie, les découvertes, la défense nationale, la longévité d'un peuple et des individus, sur la façon de penser et d'agir, sur la richesse publique et sur la force de résistance en cas de guerre, nous aurons rempli, du moins nous l'espérons, le but que s'est proposé l'Académie de cuisine en instituant ce concours, qui indique l'esprit qui l'inspire et le goût qui la guide.

Qu'il nous soit permis de faire encore une citation que le lecteur impatient pourra laisser méditer aux plus studieux. Ces pages remarquables qui me sont tombées sous la main après le concours, méritent à plus d'un titre de figurer dans un recueil alimentaire, c'est le docteur Letourneau qui les a écrites pour la *Grande Encyclopédie*, au mot *Aliments-Anthropologie :*

« Sous le nom d'aliments, il y a à traiter une question très importante, très générale d'anthropologie qui touche de fort près à l'histoire des sociétés. Si les climats, les différentes aires géographiques de la terre agissent sur l'homme et le développement de ses groupes sociaux, c'est avant tout par les ressources alimentaires qu'il y trouve.

« De puissantes nations ont été entraînées dans une décadence irrémédiable par l'appauvrissement graduel de leur sol, et des races humaines, comme les Fuégiens, ont été vouées à une dégradation profonde, uniquement par suite de la pénurie en aliments des contrées qu'elles habitent.

« L'homme lui-même, l'homme primitif, dépourvu encore de tous les arts, n'a pu apparaître que sous les climats où l'exubérance de la vie végétale et animale lui assurait une nourriture abondante et surtout facile.

« Ensuite, dans la plupart des contrées du Globe, c'est grâce à l'acquisition de certains arts qui lui ont permis de violenter quelque peu la nature moins prévoyante pour lui. Enfin, il n'a formé des groupes stables et serrés, des sociétés populeuses, que lorsque la culture de certains fruits, de certains légumes et l'asservissement d'une couple d'animaux lui ont en quelque sorte garanti une alimentation régulière.

« La difficulté de vivre n'a pu être une excitation efficace au progrès, que dans une mesure restreinte et lorsque l'homme avait déjà réuni assez de provisions ou réserves, et tenait de ses ancêtres assez de moyens d'actions sur le monde ambiant, pour ne pas périr écrasé sous l'effort.

« Et si aujourd'hui les sociétés des climats tempérés acquièrent une avance de plus en plus grande sur celle des climats chauds, il n'en est pas moins vrai que c'est sous ces derniers, sous ceux du moins où l'effort à faire pour acquérir le bien-être et la sécurité nécessaires à la culture intellectuelle et morale sont restés légers, que sont nées les premières civilisations. Il n'en est pas moins vrai non plus, que sous les climats très rigoureux, évasifs, les sociétés humaines sont condamnées à ne pas dépasser un certain niveau peu élevé.

« Avec le développement actuel des procédés industriels de production, de la rapidité et de la facilité des échanges, avec les ressources si considérables accumulées par les générations antérieures, le lien qui rattache les sociétés aux ressources alimentaires des contrées où elles existent, devient réellement de moins en moins étroit : dans certains pays d'industries spéciales, il est à peine visible.

« Il n'en subsiste pas moins, et chaque société emprunte réellement quelque chose de son caractère à la faune et à la flore d'où sont tirés ses aliments habituels. »

La thèse que nous avons développée ne contredit donc en aucune façon les idées du savant docteur : nous sommes heureux de le constater.

DÉDUCTIONS

De tous ces aperçus on peut déduire certains principes généraux : le régime alimentaire imposé à une nation par le climat, le sol ou la situation géographique, lui a donné des habitudes et des préjugés spéciaux qui se sont répandus à la suite d'invasions ou d'exodes provoquées par des cataclysmes ou des changements trop brusques de température. L'homme ayant des tendances à se laisser gouverner plutôt par les mœurs qui découlent de ces habitudes que par ceux qui font de nouvelles lois; on voit l'importance sociale et la force morale que les produits alimentaires consommés journellement peuvent acquérir. A plus forte raison quand cette alimentation devient nationale comme notre pot-au-feu.

La table et la mode, la nourriture et l'habillement sont les deux facteurs par excellence qui poussent l'humanité vers le progrès continu.

Ceci est tellement vrai qu'il suffit de jeter les yeux sur les peuples encore sauvages, réfractaires par conséquent à toute civilisation, et en les verra totalement dépourvus de ces deux merveilleux ressorts qui font marcher à la fois et l'Individu et la Société.

La faim, d'abord instinct animal, se transforme chez le civilisé en un besoin raffiné, devient une nécessité nationale qui commande en maître et avec d'autant plus d'acuité que le besoin de briller s'accentue.

De là cette variété suivie dans la création de nouvelles parures, de nouveaux objets de luxe qui rehaussent l'éclat de la table et l'acte si vulgaire par lui-même d'engloutir; oblige les arts similaires à faire de nouvelles conquêtes et la Société à étendre ses relations.

Ne voit-on pas naître la science culinaire en même temps que l'art de la ciselure? La navigation et l'exploration terrestres, auraient-elles fait de si grands pas sans ce besoin croissant d'avoir de nouvelles parures, de nouveaux aliments?

Ces découvertes n'influent-elles pas sur les mœurs, le commerce et l'industrie d'une nation?

Les peuples végétariens sont restés plus longtemps pacifiques que les omnivores, ils étaient moins industrieux aussi, ayant moins de besoins, car la viande donne plus d'activité, plus de résolution et de vigueur à un homme sans culture, ce qui était le cas pour les époques primitives.

Les peuples ichtyophages, plus prolifiques et remuants, furent, dès le principe, plus coureurs et plus audacieux.

Mais quel temps infini il a fallu au génie de l'homme, à ce *créateur qui ne peut ni s'arrêter ni se suffire,* comme l'a si bien dit M. Gaudry, dans son cours d'anthropologie, en 1893. Malgré toutes les merveilles qui l'environnent: la vapeur, l'électricité, le téléphone, les aérostats et les vapeurs sous-marins, les télescopes monstres, les locomotives les plus puissantes, malgré tout ce qu'il peut atteindre et saisir aves ses mains; sentir avec l'odorat, goûter avec le palais, voir avec ses yeux, entendre avec ses oreilles ; malgré le service d'une foule d'animaux et de machines qui l'aident quand ses organes ne peuvent suffire, il n'est ni content, ni satisfait, ni tranquille. La soif de l'invention le dévore. Où ira-t-il? Que créera-t-il? Si nous pouvions percer ce mystère nous ferions les inventions nous-mêmes, tandis que l'heure n'a pas encore sonné, et que nous ne l'entendrons peut-être pas celle qui éclaircira tous les doutes qui obscurcissent notre raison à peine dégrossie, nos sens à peine éveillés.

Devant le grandiose spectacle des magnifiques créations de l'homme, depuis sa naissance, on est ému, et on ne peut s'empêcher d'admirer ce petit être, si imparfait, pour être venu à bout de tant de perfections, de victoires plus brillantes les unes que les autres sur les éléments, les monts et les mers, au-dessus et au centre de la terre.

On l'admire bien plus si on le considère dès l'instant de sa naissance, nu et sans abri, sans besoins et sans désirs, sans passions et sans volonté, sans appui et sans secours, tremblant et craintif, sans feu et sans guide, obtenir, après une suite de siècles relativement courts, comparativement à l'âge de la planète, l'inoubliable exposition du centenaire de la nouvelle société où tout concourait à rehausser, en les comparant, les créations de l'homme actuel.

Puisque toutes ces merveilles étaient à créer, que dis-je ! puisqu'elles ne sont, peut-être, que la préface de ce qui reste à faire, n'aurait-on pas le droit de blâmer un Être supérieur qui en aurait retardé la venue, en privant l'homme des premières lumières qui devaient l'élever d'un seul bond, au-dessus de la bête ? Et sous quel prétexte et de quel droit ceux qui ont vécu avant nous en auraient-ils été privés ?

Voilà pourquoi nous disons que — croire deux ans après cette exposition, après avoir renouvelé ses promenades au Champ-de-Mars pour admirer avec calme les fontaines lumineuses, l'imposante tour, gracieuse, élégante même, cette Babel moderne élevée en vingt-sept mois, après la découverte de quatre cents planètes, sœurs de la nôtre, vivant et gravitant autour de notre petit soleil, après les étonnements du phonographe, collectionnant les discours, du téléphone transmettant instantanément la voix à plus de mille kilomètres, de l'électricité faisant le tour du globe en quelques secondes, de ce globe deux fois doublé par la découverte de Christophe Colomb et de Gama, de la vapeur mise à la portée des enfants, de la chimie, créant de tout, après ces découvertes qui semblent n'être que le prélude, l'embryon de nouvelles créations — être resté au point de vue philosophique de la naissance de l'homme d'après la Bible, livre admirable sans doute, mais tout de même écrit à une époque où on croyait le soleil suspendu à une voute, éclairant un monde ayant la forme d'une table ronde, nous paraît une aberration ayant assez duré.

Nous nous bornons à signaler ces réflexions, afin que les savants se décident à prouver que le monde de la Bible était vraiment mesquin et peu digne de la puissance qui l'a créé.

Que dirait-on d'un homme qui aurait décrété que la plus rapide locomotion ne pourrait dépasser celle d'un quadrupède ?

La Bible a posé en principe absolu que tout ce qu'elle disait devait être éternellement vrai *et in secula seculorum*. Voilà, il nous semble, où est le tort et pourquoi j'adjure les penseurs de reprendre la tradition morale de Platon, de rechercher les moyens de la rendre attrayante, facile à comprendre pour la masse, qui erre et cherche avec ardeur, mais en vain, la Thébaïde ensoleillée qui assouvira le besoin d'aimer, de se dévouer au prochain, qui se fait jour dans la société actuelle et lui fait créer une foule d'œuvres charitables et fraternelles, afin d'aider à l'unité sociale, vers laquelle tend l'Humanité à peine instruite.

Le discours sur les inégalités, de J.-J. Rousseau, malgré ses brillantes qualités, n'est qu'un paradoxe, ainsi que toutes les dissertations analogues ayant pour but de démontrer que l'âge d'or était contemporain des premiers hommes, tandis qu'il ne peut être que le couronnement des conquêtes faites par les génies humains, la récompense méritée et acquise par la race qui aura le mieux organisé le Progrès par le développement de l'ordre dans toutes les branches qui régissent le fonctionnement social : la Philosophie, la Politique, le Commerce et l'Industrie, la Biologie et la Morale.

En d'autres termes, c'est le *résultat* et non la *préface* de la vie sociale et humaine. Il faut en prendre son parti en braves et agir sérieusement, car l'heure nous paraît avoir sonné.

Mais que de préjugés à combattre, que d'illusions à faire perdre, que de chimères à vaincre, avant que cette chappe de plomb posée par l'ignorance et la superstition sur le cerveau de l'homme inculte ait disparu, grâce à la froide raison et à la persévérance des hommes de génie qui ont créé les dernières merveilles industrielles.

C'est à eux, philosophes modernes, débarrassés par la gloire de toute attache avec un passé que leurs inventions relèguent avec les vieilles lunes, à eux, disons-nous, qu'incombe la tâche autrement glorieuse de réunir dans une opinion commune de fraternité et de paix sociale, les hommes de toutes les races et de toutes les couleurs, comme ils ont réuni dans une même enceinte leurs produits industriels et commerciaux.

Si les forces doublent en les réunissant, les mauvaises passions s'affaiblissent, au contraire, dès qu'on réunit les hommes au nom d'un principe émancipateur et moral.

La paix sociale ne viendra qu'à la suite de la paix du cœur, et celle-ci après la paix cérébrale.

Comment imposer celle-ci d'abord ? Voilà le problème. La science en a résolu de plus difficiles, seulement par le procédé scientifique on attaque les difficultés de front, au péril de ses jours, de fatigues innombrables que seuls les forts savent surmonter.

Si le monde entier vénère Ferdinand et sa noble épouse, pour avoir permis à C. Colomb de nous donner le Nouveau-Monde, quelle vénération n'aurait-on pas pour le génie bienfaisant qui nous donnerait la *Paix* sociale et morale ?

Mortels heureux qui nous succéderez, peut-être verrez-vous réalisé ce rêve des petits-fils des laïcisateurs de la conscience, le premier pas fait dans cette voie, mais ne trouverez-vous pas ridicule que nous ayons perdu un temps si précieux, liés volontairement par de si barbares entraves, après cette première conquête ?

Comment, direz-vous, ils avaient réuni dans une seule enceinte, dans la capitale du monde intellectuel, tout ce qui constitue la vie matérielle et morale, le travail, l'espérance et la foi, ne pouvaient-ils, avec un peu plus de raison, s'unir dans l'amour du prochain et de l'Humanité, pour inaugurer l'Ere finale entrevue par le Christ et les auteurs des Droits de l'Homme ?

Que cette heure est lente à sonner pour ceux qui souffrent, et combien pénible à monter la côte d'où l'on découvrira la terre promise !

Quel est le pilote qui la signalera ? Quand ?

Auguste COLOMBIE.

Mai 1891.

FIN

TABLE DES MATIÈRES

Imprimerie C. GOURDINEAU, 58, Rue Grenéta. — Paris